منهج الاستماع الأساسي للغة العربية

思政课程 博雅

阿拉伯语基础听力教程

（第三版）（第一册）

付志明 〔埃及〕高山 ◎编著

الاستماع
الأساسي
الأساسي
للغة العربية
الاستماع
منهج
للغة العربية

北京大学出版社
PEKING UNIVERSITY PRESS

图书在版编目(CIP)数据

阿拉伯语基础听力教程.第一册/付志明,(埃及)高山编著.—3 版.—北京:北京大学出版社,2023.7
ISBN 978-7-301-34114-8

Ⅰ.①阿… Ⅱ.①付…②高… Ⅲ.①阿拉伯语-听说教学-高等学校-教材 Ⅳ.①H379.9

中国国家版本馆CIP数据核字(2023)第107380号

书　　名	阿拉伯语基础听力教程(第三版)(第一册) ALABOYU JICHU TINGLI JIAOCHENG (DI-SAN BAN) (DI-YI CE)
著作责任者	付志明 〔埃及〕高山 编著
责任编辑	严　悦
标准书号	ISBN 978-7-301-34114-8
出版发行	北京大学出版社
地　　址	北京市海淀区成府路205号　100871
网　　址	http://www.pup.cn　　新浪微博:@北京大学出版社
电子信箱	pupwaiwen@pup.cn
电　　话	邮购部 010-62752015　发行部 010-62750672　编辑部 010-62754382
印 刷 者	大厂回族自治县彩虹印刷有限公司
经 销 者	新华书店
	650毫米×980毫米　16开本　16.75印张　210千字
	2009年1月第1版
	2017年1月第2版
	2023年7月第3版　2023年7月第1次印刷(总第8次)
定　　价	68.00元

未经许可,不得以任何方式复制或抄袭本书之部分或全部内容。
版权所有,侵权必究
举报电话:010-62752024　电子信箱:fd@pup.pku.edu.cn
图书如有印装质量问题,请与出版部联系,电话:010-62756370

مقدّمة

前　言

在外语教学"听、说、读、写、译"各个环节中,"听"是被放在第一位的,足见其重要性。低年级听力教材的编写长期以来一直是一件比较困难的事情。本教程是以北京大学外国语学院阿拉伯语系多年来所选用的听力材料为基础,结合教学过程涉及题材的需要,经过精心编排完成的。在选材过程中,我们力求与学生本科基础阶段的教学内容相结合,注意难易度适中,语言精练,内容丰富。

本册共分17课,包括问候、拜访、旅馆与餐厅、参观村庄、埃及和卡塔尔、在银行与在开罗旅行、看医生、看电影、邮局与市场、购物、石油、足球、旅行、在海边、探访苏丹古迹、采访、阿拉伯的报纸等。

本册课文内容由浅入深,对话生动。课文全部采用对话形式。每一课选取两到三个主人公,通过对话的形式将主题展开。每课内容相对独立,前后课文中的主人公没有内在的关系。第一课"问候",我们选取不同场景问候的表达方式;第二课"拜访",能使同学们有置身阿拉伯同学家庭的感受;第三课"旅馆与餐厅",可以帮助同学学习餐厅点菜,了解阿拉伯餐饮文化;第四课"参观村庄",可以对比中国与阿拉伯农村的不同和对农业、农民的观点和看法;第五课"埃及和卡塔尔",描述了这两个具有丰富阿拉伯文化特色国家的特点;第六课"在银行与在开罗旅行",突出在埃及如何到银行取钱和旅游生活的表达方式;第七、八、九课"看医生""看电影""邮局与市场"则带领同学们了解阿拉伯国家不同生活方式的表达和文化特色;为了更加贴近生活,我们在第十课"购物"的课文中适当增加了部分开罗方言对话。前十课内容可作为一年级第二学期听力课的必听内容。

从第十一课开始,对话长度有所增加,对于一年级学生来说可能难度较大,在训练过程中可适当放慢速度,也可适当对照课文文本进行阅读与口语练习。第十一课我们选取中东地区热点话题"石油"作为课文谈话主题,介绍了石油给阿拉伯国家带来的变化;第十二课,我们选取了全世界聚焦的"足球"这一重要话题,特别是卡塔尔世界杯的成功举办,为包括中东国家在内的亚洲国家提升足球水平带来机遇;第十三和十四课,我们选取了"旅行"和"在海边",为喜欢旅游和想要了解阿拉伯国家的海岸旅游生活的人提供帮助;第十五课"探访苏丹古迹",提供苏丹文化景点和历史古迹的介绍,希望带领大家去了解一下这个尼罗河上游国家和更古老的金字塔文化;第十六课"采访",以一个采访过中

مقدمة

前言

共二十大和全国两会的阿拉伯记者的视角，介绍中国改革开放、脱贫攻坚取得的成绩以及中国式现代化建设的进程；第十七课"阿拉伯的报纸"，总结了阿拉伯国家报刊业发展的历史及现状。

本册教程在编写过程中得到穆罕默德·奥贝德老师（苏丹）、海德先生（伊拉克）、哈穆德教授（叙利亚）、萨米拉教授（叙利亚）的大力支持，他们提供了许多宝贵的建议，史宜禾提供了全部插图，在此对他们一并表示感谢。

由于编者的水平有限，该套教程还有许多不尽如人意的地方，请各位专家、同行批评指正。也请同学们在使用该教程的过程中提出意见，以便我们在今后的编写过程中加以改进。

编者

2023 年 2 月

جدول المحتويات

الدرس الأوّل إلقاء التحية والسلام ١٠
الدرس الثاني الزيارة ١٥
الدرس الثالث الفندق والمطعم ٢٩
الدرس الرابع زيارة القرية ٤٥
الدرس الخامس مصر وقطر ٦٠
الدرس السادس في البنك وجولة في القاهرة ٧٦
الدرس السابع زيارة الطبيب ٩٢
الدرس الثامن مشاهدة الأفلام ١٠٩
الدرس التاسع في مكتب البريد والسوق ١٢٤
الدرس العاشر التسوّق ١٤٠
الدرس الحادي عشر النفط ١٥٤
الدرس الثاني عشر كرة القدم ١٦٨
الدرس الثالث عشر السفر ١٨٥
الدرس الرابع عشر على شاطئ البحر ٢٠٠
الدرس الخامس عشر زيارة النقعة والمصورات في السودان ٢١٨
الدرس السادس عشر لقاء صحفي ٢٣٤
الدرس السابع عشر الصحافة العربيّة ٢٤٨

2 منهج الاستماع الأساسيّ للغة العربيّة (الجزء الأول)

目 录

第一课　问候……1
第二课　拜访……15
第三课　旅馆与餐厅……29
第四课　参观村庄……45
第五课　埃及和卡塔尔……60
第六课　在银行与在开罗旅行……76
第七课　看医生……92
第八课　看电影……109
第九课　邮局与市场……124
第十课　购物……140
第十一课　石油……154
第十二课　足球……168
第十三课　旅行……185
第十四课　在海边……200
第十五课　探访苏丹古迹……218
第十六课　采访……234
第十七课　阿拉伯的报纸……248

الدرس الأوّل

إلقاء التحية والسلام

⚜ أ — أمين
⚜ م — محمّد

أ: السلام عليكم!
م: وعليكم السلام!
أ: كيف الحال؟
م: بخير، الحمد لله! وكيف أنت؟

أ: بخير، الحمد لله! شكرا.

أ: السلام عليكم!
م: وعليكم السلام!
أ: أهلا وسهلا. ما اسمك؟
م: اسمي محمّد وأنت؟ ما اسمك؟
أ: اسمي أمين، كيف حالك؟
م: أنا بخير، الحمد لله وأنت؟
أ: بخير، شكرا، السلام عليكم.
م: وعليكم السلام، مع السلامة.

❀ م ـــ محمّد
❀ ف ـــ فاطمة

م: مساء الخير!
ف: مساء النور!
م: مرحبا، ما اسمكِ؟
ف: اسمي فاطمة وأنت؟ ما اسمك؟
م: اسمي محمّد. كيف حالك؟
ف: بخير، شكرا، وكيف أنت؟

الدرس الأوّل إلقاء التحية والسلام

م: الحمد لله، بخير، شكرا.
ف: إلى اللقاء.
م: مع السلامة، في أمان الله.

۞ أ — أمين
۞ م — محمّد
۞ س — سالم

أ: من هذا؟
م: هذا صديقي.
أ: ما اسمه؟
م: اسمه سالم، هو مدرّس اللغة العربيّة.
أ: مرحبا يا سالم، كيف حالك؟
س: بخير، شكرا. أنا سعيد بمعرفتك.
م: فرصة سعيدة.

۞ م — محمّد
۞ ز — زينب

م: صباح الخير يا زينب!
ز: صباح النور يا محمّد!

م: هل هذا حسن؟
ز: نعم، هذا حسن.
م: هل هذه سلمى؟
ز: لا.
م: ما اسمها؟
ز: اسمها سعاد.

❀ م — محمّد
❀ ن — نبيل

م: صباح الخير!
ن: صباح النور!
م: ما اسمك؟
ن: اسمي نبيل الرشيد.
م: ماذا تريد؟
ن: أريد العمل في الشركة.
م: ما جنسيّتك؟
ن: أنا مصريّ.
م: كم عمرك؟
ن: أنا في الثلاثين.

الدرس الأوّل إلقاء التحية والسلام

م: ما مهنتك؟
ن: محاسب.
م: أين الطلب؟
ن: الطلب على المكتب، ها هو.
م: وأين الشهادات؟
ن: الشهادات في الحقيبة، ها هي.
م: شكرا.

۞ م — محمّد
۞ ف — فاطمة

م: أنا سعيد بمقابلتكِ. كيف حالك؟
ف: بخير شكرا، وكيف حالك؟
م: بخير، الحمد لله. هل أنتِ مسافرة؟
ف: لا، أنا في انتظار صديقتي زينب.
م: من أين هي قادمة؟
ف: هي قادمة من لندن. هل أنت مسافر؟
م: نعم.
ف: إلى أين؟
م: أنا مسافر إلى باريس.

ف: رحلة سعيدة، مع السلامة.
م: في أمان الله.

- ع — عبد الله
- ج — جاسم
- م — محمّد

ع: أهلا يا جاسم.
ج: أهلا وسهلا عبد الله، كيف حالك؟
ع: بخير، شكرا، إلى أين أنت ذاهب؟
ج: إلى المكتبة. هذا صديقي محمّد.
ع: أهلا محمّد، أنا سعيد بمقابلتك.
م: أهلا عبد الله، فرصة سعيدة.
ع: ما جنسيّتك؟
م: أنا أمريكيّ، وأنت؟ ما جنسيّتك؟
ع: أنا باكستانيّ.
م: هل أنت ذاهب إلى المكتبة؟
ع: لا، أنا ذاهب إلى المطعم.
م: حسنا، مع السلامة.
ع: في أمان الله.

المفردات الجديدة

حَمِدَ ـَ حَمْدًا	赞美，称颂，感谢
اَلْحَمْدُ لله	感谢
أَمَانٌ / أَمْنٌ	安全，平安
فِي أَمَانِ الله	再见
سَعِيدٌ بِـ	对于某事很高兴
عَرَفَ يَعْرِفُ مَعْرِفَةً	认识，知道，了解
فُرْصَةٌ ج فُرَصٌ	机会，时机，机遇
طَلَبٌ ج طَلَبَاتٌ	要求
شَرِكَةٌ ج شَرِكَاتٌ	公司
جِنْسِيَّةٌ	国籍
وَرَقٌ ج أَوْرَاقٌ	文件；纸张
مِصْرُ	埃及
مِصْرِيٌّ ج مِصْرِيُونَ	埃及人
عُمْرٌ ج أَعْمَارٌ	年龄，寿命；一生
مِهْنَةٌ ج مِهَنٌ	职业，行业
مُحَاسِبٌ	会计
شَهَادَةٌ ج شَهَادَاتٌ	证明

会见，见面	قَابَلَ يُقَابِلُ مُقَابَلَةً
出行的人	مُسَافِرٌ جـ مُسَافِرُونَ م مُسَافِرَةٌ جـ مُسَافِرَاتٌ
等待某人	فِي انْتِظَارِ فُلَانٍ
从某地来的……	قَادِمٌ جـ قَادِمُونَ م قَادِمَةٌ جـ قَادِمَاتٌ
伦敦	لَنْدُنْ
巴黎	بَارِيس
旅途，旅行	رِحْلَةٌ جـ رِحْلَاتٌ
旅途愉快	رِحْلَةٌ سَعِيدَةٌ
幸会	فُرْصَةٌ سَعِيدَةٌ
美国；美洲	أَمْرِيكَا
美国人；美洲的；美国的	أَمْرِيكِيٌّ جـ أَمْرِيكَان وأَمْرِيكِيُون
巴基斯坦	بَاكِسْتَان
巴基斯坦人；巴基斯坦的	بَاكِسْتَانِيٌّ جـ بَاكِسْتَانِيُّون

الدرس الأوّل إلقاء التحية والسلام

附：相关译文

第一课　问候

◎ 艾——艾明
◎ 穆——穆罕默德

艾：你好！

穆：你好！

艾：情况怎么样？（你好吗？）

穆：很好，感谢！你呢？（你怎么样？）

艾：很好，谢谢！

艾：你好！

穆：你好！

艾：你好，你叫什么名字？

穆：我叫穆罕默德，你呢？你叫什么名字？

艾：我叫艾明，你好吗？

穆：我很好，感谢，你呢？

艾：很好，谢谢，再见。

穆：再见。

◎ 穆——穆罕默德

◎ 法——法特梅

穆：晚上好！

法：晚上好！

穆：欢迎，你叫什么名字？

法：我叫法特梅，你呢？你叫什么名字？

穆：我叫穆罕默德，你好吗？

法：很好，谢谢，你呢，你好吗？

穆：感谢，很好，谢谢。

法：再见。

穆：再见，一路平安。

◎ 艾——艾明

◎ 穆——穆罕默德

◎ 萨——萨利姆

الدرس الأوّل إلقاء التحية والسلام

第一课 问候

艾：这是谁？

穆：这是我的朋友。

艾：他叫什么名字？

穆：他叫萨利姆，他是阿拉伯语老师。

艾：你好，萨利姆，你好吗？

萨：很好，谢谢，很高兴认识你。

艾：幸会。

◎ 穆——穆罕默德

◎ 齐——齐娜布

穆：早上好，齐娜布！

齐：早上好，穆罕默德！

穆：这是哈桑吗？

齐：是的，这是哈桑。

穆：这是塞勒玛吗？

齐：不。

穆：她叫什么名字？

齐：她叫苏阿德。

منهج الاستماع الأساسيّ للغة العربيّة (الجزء الأول)

◎ 穆——穆罕默德

◎ 纳——纳比勒

穆：早上好！

纳：早上好！

穆：你叫什么名字？

纳：我叫纳比勒·拉希德。

穆：你有什么要求？

纳：我希望在公司工作。

穆：你是哪国人？

纳：我是埃及人。

穆：你的年龄是多少？

纳：我三十岁。

穆：你的技术专长是什么？

纳：我是会计。

穆：你的申请书呢？

纳：在办公桌上，在这儿呢。

穆：证书呢？

纳：证书在包里，在这儿呢。

穆：谢谢。

الدرس الأوّل إلقاء التحية والسلام

第一课 问候

◎ 穆——穆罕默德

◎ 法——法特梅

穆：见到你我很高兴。你好吗？

法：很好，谢谢，你好吗？

穆：很好，感谢。你要出门吗？

法：不，我在等我的朋友齐娜布。

穆：她从哪儿来？

法：她从伦敦来。你要出门吗？

穆：是的。

法：去什么地方？

穆：我要去巴黎。

法：旅途愉快，再见。

穆：再见。

◎ 阿——阿卜杜拉

◎ 贾——贾希姆

◎ 穆——穆罕默德

阿：你好，贾希姆。

贾：你好，阿卜杜拉，你好吗？

阿：很好，谢谢，你去哪儿？

贾：我去图书馆，这是我的朋友穆罕默德。

阿：你好，穆罕默德，很高兴见到你。

穆：你好，阿卜杜拉，幸会。

阿：你是哪国人？

穆：我是美国人，你呢？你是哪国人？

阿：我是巴基斯坦人。

穆：你要去图书馆吗？

阿：不，我去食堂。

穆：好的，再见。

阿：再见。

الدرس الثاني

الزيارة

۞ ج ← جاسم
۞ م ← محمّد

ج: السلام عليكم!
م: وعليكم السلام ورحمة الله وبركاته!
ج: كيف حالك؟

مـ: أنا بخير، شكرا، وأنت؟

جـ: أنا بخير. هل أنت عربيّ؟

مـ: نعم، أنا عربيّ.

جـ: من أيّ بلد أنت؟

مـ: أنا من سوريّة، أنا سوريّ، وأنت؟ هل أنت من مصر؟

جـ: نعم، أنا من مصر، أنا مصريّ.

مـ: هل أنت طالب؟

جـ: نعم، أنا طالب في الجامعة.

مـ: في أيّ جامعة تدرس؟

جـ: أدرس في جامعة القاهرة.

مـ: أدرس في جامعة القاهرة أيضا.

جـ: ماذا تدرس؟

مـ: أدرس التاريخ المصريّ القديم. هل تدرس في قسم التاريخ أيضا؟

جـ: لا، أنا في كلّيّة اللغات الأجنبيّة. أدرس اللغة الإنجليزيّة.

مـ: أين تسكن؟

جـ: أسكن في المدينة الجامعيّة قريبا من جامعة القاهرة.

مـ: مرحبا بك في بيتي.

جـ: شكرا.

الدرس الثاني الزيارة

第二课 拜访

أ — أمين
م — محمّد

(الدخول)

أ: تفضّل بالدخول.
م: شكرا.
أ: البيت بيتك.
م: شكرا.
أ: شرّفتمونا.
م: الله يشرّفك.
أ: ماذا تشرب؟
م: أيّ شيء.
أ: أتشرب الشاي أم القهوة؟
م: الشاي.
أ: الشاي الصينيّ؟
م: لا، الشاي المصريّ.
أ: لحظة. تفضّل الشاي.
م: شكرا.

م: كيف حالك؟

أ: بخير، شكرا.

مـ: كيف صحّتك؟

أ: صحّتي تمام.

مـ: نوّرتمونا!

أ: الله ينوِّرك.

مـ: بيتك كبير، كم غرفةً في بيتك؟

أ: في بيتي ثلاث غرف للنوم وغرفة للجلوس وغرفة للأكل وغرفة للقراءة، وهناك المطبخ ودورة المياه.

مـ: كم طابقا في بيتك؟ أرى أنّ في بيتك طابقين.

أ: نعم، في بيتي طابقان، طابق علويّ وطابق سفليّ، غرف النوم في الطابق العلويّ وغرفة الجلوس في الطابق السفليّ وأيضا غرفة القراءة وغرفة الأكل. نجلس في غرفة الجلوس ونأكل في غرفة الأكل ونقرأ ونكتب وندرس في غرفة القراءة.

مـ: بيتك كبير وجميل.

أ: شكرا لك.

•

مـ: ماذا في خارج بيتك؟

أ: هناك حديقة حول بيتي.

مـ: حديقة جميلة جدّا. هل يمكنني رؤيتها؟

أ: طبعا ممكن.
م: من الذي يعمل في الحديقة؟ هل هو قريبك؟
أ: لا هو بستانيّ، اسمه عُمَرُ. تعال يا عمر.

✵ عـ — عمر
✵ مـ — محمّد

عـ: السلام عليكم.
مـ: وعليكم السلام. الحديقة جميلة، أنت بستانيّ ماهر.
عـ: شكرا.
مـ: ما هذه الشجرة؟ هل هي شجرة برتقال؟
عـ: لا، هي شجرة ليمون.
مـ: هذه الوردة جميلة.

✵ أ — أمين
✵ مـ — محمّد
✵ أمّ — أمّ أمين

نادت أم أمين:
أمّ: تعاليا يا أمين أنت والسيّد محمّد.

أ: تنادينا أمّي، ربّما حان الوقت للغداء. نأكل ونتحدّث معا أو نتحدّث ونأكل معا.

بعد الأكل:

م: هنيئا، هنيئا مريئا.

أ: الله يهنّيك.

م: شكرا يا أمّ أمين، هذا الطعام لذيذ جدّا، أنتِ طبّاخة ماهرة جدّا.

أمّ: شكرا يا سيّد محمّد، عندنا طاهية تطبخ لنا.

أ: أمّي طبّاخة ماهرة أيضا. من يطبخ في بيتك؟

م: أمّي، أمّي طبّاخة ماهرة، كم أشتاق إلى طعام أمّي!

أ: أين تسكن يا سيّد محمّد؟

م: أسكن في دمشق.

أ: هل بيتكم مثل بيتنا في القاهرة؟

م: لا، بيتي صغير، هو شقة.

أ: هل هي بعيدة عن مركز المدينة؟

م: لا هي في مركز المدينة. صغيرة لكنّها قريبة من المواصلات. مرحبا بكم في دمشق لزيارة بيتي.

أ: إن شاء الله، إذا كانت هناك فرصة لذلك.

م: الوقت متأخّر وأستأذنكم، شكرا لاستقبالي في بيتكم، وشكرا

على الطعام الشهيّ.

أ: عفوا، مرحبا بك في أيّ وقت، البيت بيتك.

مـ: شكرا، السلام عليكم، مع السلامة.

أ: في أمان الله.

المفردات الجديدة

رَحِمَ ـَ رَحْمَةً	发慈悲；怜悯
بَرَكَةٌ جـ بَرَكَاتٌ	吉祥；幸福
عَرَبِيٌّ جـ عَرَبٌ	阿拉伯人；阿拉伯的；阿拉伯人的
سُورِيَا / سُورِيَّة	叙利亚
سُورِيٌّ جـ سُورِيُّونَ	叙利亚人；叙利亚的
اَلْقَاهِرَةُ	开罗
تَارِيخٌ	历史
التَّارِيخُ الْمِصْرِيُّ الْقَدِيمُ	埃及古代史
شَرَّفَ يُشَرِّفُ تَشْرِيفًا	幸会，使人荣耀
لَحْظَةٌ جـ لَحَظَاتٌ	一瞥，一瞬，一刹那
تَمَّ يَتِمُّ تَمَامًا الشيءُ	完成；成为完美的

نَوَّرَ يُنَوِّرُ تَنْوِيرًا	使人光明
مَطْبَخٌ جـ مَطابِخُ	厨房
دَوْرَةُ الْمِيَاهِ	洗手间，厕所
طَابِقٌ جـ طَوَابِقُ	层，楼层
الطَّابِقُ العُلْوِيُّ	上层
الطَّابِقُ السُفْلِيُّ	下层
مُمْكِنٌ	可以，行
قَرِيبٌ جـ أَقْرِبَاءُ م قَرِيبَةٌ جـ قَرِيبَاتٌ	亲戚；附近的
بُسْتَانِيٌّ	花匠
بُرْتُقَالٌ	橘子，橙子，柑橘
لَيْمُون	柠檬
وَرْدٌ جـ وُرُودٌ الواحدة وَرْدَةٌ	玫瑰花
نَادَى يُنَادِي مُنَادَاةً أو نِدَاءً	呼唤，召唤
سَيِّدٌ جـ سَادَةٌ أو أَسْيَادٌ	先生
حَانَ ـِ حَيْنًا وحَيْنُونَةً الْوَقْتُ	到时候了

الدرس الثاني الزيارة

> **附：相关译文**

第二课　拜访

◎ 贾——贾希姆

◎ 穆——穆罕默德

贾：你好！

穆：你好！

贾：你好吗？

穆：很好，谢谢，你呢？

贾：我很好。你是阿拉伯人吗？

穆：是的，我是阿拉伯人。

贾：你是哪国人？

穆：我从叙利亚来，我是叙利亚人，你呢，你是埃及人吗？

贾：是的，我从埃及来，我是埃及人。

穆：你是学生吗？

贾：是的，我是大学生。

穆：你在哪一所大学学习？

贾：我在开罗大学学习。

穆：我也在开罗大学学习。

贾：你学什么专业？

穆：我学埃及古代史，你也在历史系学习吗？

贾：不，我在外语系，我学英语。

穆：你住在哪儿？

贾：我住在开罗大学的大学城。

穆：欢迎你到我家做客。

贾：谢谢。

◎ 艾——艾明

◎ 穆——穆罕默德

　　（进门）

艾：请进。

穆：谢谢。

艾：到我家就和到你家一样。

穆：谢谢。

艾：感谢你的光临。

穆：这是我的荣幸。

الدرس الثاني الزيارة

第二课 拜访

艾：喝点儿什么？

穆：什么都可以。

艾：茶还是咖啡？

穆：茶。

艾：中国茶？

穆：不，埃及茶。

艾：请稍等。请喝茶。

穆：谢谢。

穆：最近好吗？

艾：很好，谢谢。

穆：身体好吗？

艾：很好。

穆：你的到来让这里蓬荜增辉。

艾：这是我的荣幸。

穆：你们家好大呀，有几间房子？

艾：我家有三间卧室、一间客厅、一间餐厅、一间书房，另外还有卫生间和厨房。

穆：你家有几层？我看好像有两层。

艾：是的，我家有上下两层，卧室在上层，客厅、书房和餐厅在下层，我们在餐厅吃饭，在书房看书学习。

穆：你的家又大又漂亮。

艾：谢谢。

穆：你家外面是什么？

艾：我家外面有一个花园。

穆：花园很漂亮，我能参观参观吗？

艾：当然可以。

穆：花园里干活的人是谁，是你家亲戚吗？

艾：不，他是花匠，他叫奥玛尔。过来一下，奥玛尔。

◎ 奥—奥玛尔

◎ 穆——穆罕默德

奥：你好。

穆：你好，花园真漂亮，你真是一个优秀的花匠。

奥：谢谢。

穆：这是什么树？是橘子树吗？

奥：不，这是柠檬树。

الدرس الثاني الزيارة

第二课 拜访

穆：这玫瑰真漂亮。

✵ 艾——艾明

✵ 穆——穆罕默德

✵ 妈—艾明的妈妈

艾明的妈妈招呼道：

妈：艾明，请穆罕默德先生过来吧。

艾：我妈妈叫咱们呢，可能午饭做好了，我们边吃边聊，边聊边吃吧。

餐后：

穆：祝你健康。

艾：也祝你健康。

穆：谢谢艾明妈妈，饭菜真好吃，您真是一个出色的厨师。

妈：谢谢，穆罕默德先生，我们家有一个厨师给做饭。

艾：我妈妈也是一个不错的厨师。你家谁做饭？

穆：我妈妈，我妈妈做饭的水平很高，我多想吃我妈妈做的饭呀！

艾：穆罕默德先生，你住哪儿呀？

穆：我住在大马士革。

艾：你的家和我们开罗的家一样吗？

穆：不，我家很小，就是一套公寓。

艾：离市中心远吗？

穆：不，就在市中心，虽然很小，但是交通很方便。欢迎你们到大马士革时来我家做客。

艾：好的，有机会一定去。

穆：时间不早了，我要告辞了，谢谢在您家里受到的款待，饭菜很可口。

艾：不用客气，随时欢迎你来家做客，这就是你的家。

穆：谢谢，再见。

艾：一路平安。

الدرس الثالث

الفندق والمطعم

أ — أمين

مـ — محمّد

مـ: السلام عليكم!

أ: وعليكم السلام!

مـ: صباح الخير يا أستاذ[1] أمين.

---

[1] أستاذ 原意是教授、老师，但是在口语中可以表示有文化的朋友、先生。

أ: صباح الخير يا أستاذ محمّد.

مـ: هل نِمتم جيّدا؟

أ: جيّدا جدّا، شكرا.

مـ: أين سنذهب اليوم؟

أ: أولا أريد أن أدعوك للغداء ثمّ نتجوّل في القاهرة.

مـ: فكرة رائعة.

أ: أيّ مطعم؟ فلتقرر أنت.

مـ: أيّ مطعم، أنا تحت أمرك.

أ: في رأيي، نذهب إلى فندق شيراتون، هذا الفندق أحسن فندق في القاهرة، هو فندق خمس نجوم.

مـ: لماذا نذهب إلى مثل هذا الفندق؟ وسعره غال جدّا، لا أريدك أن تتحمل مصاريف كثيرة.

أ: لا بأس، الطعام فيه ممتاز والمكان راقٍ ونظيف، هيّا بنا.

عند الوصول إلى الفندق

مـ: ما شاء الله، هذا الفندق كبير جدّا.

أ: نعم، هو أحسن فندق في القاهرة، فيه غرف كثيرة وجميلة، لكلّ غرفة سرير أو سريران وهاتف وتلفزيون وماء ساخن وماء بارد وثلّاجة

الدرس الثالث الفندق والمطعم

وإنترنت مجاني.

م: هل فيه مطعم؟

أ: نعم فيه مطعم ممتاز، الطبّاخ فيه ماهر أيضا، فيه مطعم وبار وصالة للقهوة والشاي. هذا الفندق دائما ملآن بالناس من البلاد العربيّة أو من الدول الأجنبيّة، هم يأكلون ويشربون في المطعم ثمّ يجلسون في الصالة ويقرؤون الجرائد والمجلّات ويذهبون إلى السينما أو إلى المسرح.

م: هذا جميل، أريد أن أسكن فيه ولو يوما واحدا.

أ: ممكن طبعا، إذا أردت، يمكنك أن تسكن فيه اليوم.

م: السعر غال، أليس كذلك.

أ: ليس كثيرا، السعر معقول، سأدفع أنا مصاريف الإقامة.

م: شكرا لك.

أ: هيّا نذهب إلى موظّف الاستقبال.

✿ أ — أمين
✿ م — محمّد
✿ خـ — خادم

م: يا سيّد، أريد غرفة لو سمحت.

خ: هل حجزت من قبل؟

مـ: لا، لم أحجز، هل هناك غرف فارغة؟

خـ: دعني أتأكّد من الحاسوب، نعم توجد، كم غرفة تريدان؟ بسرير أو سريرين؟

مـ: غرفة واحدة للأستاذ أمين بسرير واحد.

خـ: حسنا، في الطابق العاشر، الغرفة رقم ١٠١٦.

مـ: شكرا.

خـ: هذا الموظّف سيرشدكما إلى الغرفة.

مـ: هذا جميل.

أ: تفضّل هيّا نذهب للغرفة.

مـ: شكرا.

أ: يا الله، المصعد معطّل.

مـ: كيف نصعد إلى الطابق العاشر دون مصعد؟

خـ: لا تقلق، نذهب إلى جهة أخرى، هناك مصعد آخر، هيّا، ها قد وصلنا إلى الغرفة.

مـ: شكرا يا سيّدي، خذ بقشيش.

خـ: شكرا لك.

◈ أ — أمين
◈ مـ — محمّد

أ: غرفة مريحة جدّا ومناسبة.

م: نعم، هذا الفندق مطلّ على نهر النيل، يا للجمال، سمعت أن القاهرة جميلة في الليل.

أ: نعم، إنّ ليل القاهرة أجمل من نهارها. نذهب إلى المطعم أولا، ثمّ نأخذ جولة في القاهرة. أحجز مائدة أوّلا وإلّا فقد لا نجد مكانا.

م: حسنا.

أ: هذا المطعم كبير جدّا ويرتاده كثير من الناس.

م: نعم، حجزت مائدة قريبة من النافذة، فيمكنك أن تأكل وتستمتع بمناظر القاهرة.

أ: شكرا لك يا أستاذ محمّد.

وضع الجرسون الأطباق على المائدة، وبجانبها السكاكين والشوك والملاعق.

م: هذه قائمة الطعام.

أ: دعني أنظر، ما طبق اليوم؟ هنا، لحم مشويّ وبطاطس بالفرن وأرز وسمك، ودجاج. الأطعمة هنا شهيّة وكثيرة، أولا أريد عصير الطماطم، ثمّ طبق السمك والأرز والخضراوات والسلطة، وأنت؟

م: نفس الطلب ولكن أضف إليه طبق دجاج.

أ: والحلو؟ عندنا فاكهة وفطائر مختلفة.

م: أريد فاكهة وأنت؟

أ: أريد فاكهة أيضا.

م: ماذا تشرب؟ الشاي أم القهوة؟

أ: أريد الشاي.

م: أريد القهوة.

أ: حاضر، فنجان شاي وفنجان قهوة.

م: أيّ شيء آخر؟

أ: لا، شكرًا.

م: الحمد لله، شبعت.

أ: هنيئا، هنيئا مريئا.

م: الله يهنّئك، هل تريد شيئا آخر؟

أ: لا شيء آخر.

م: عصير الفاكهة، خاصّة عصير المانجو هنا ممتاز.

أ: لا، شكرا، أنا شبعان، والحمد لله.

م: هيّا بنا لنقوم بجولة في القاهرة.

أ: هيّا.

المفردات الجديدة

تَجَوَّلَ يَتَجَوَّلُ تَجَوُّلاً	逛，游览
فِكْرَةٌ رَائِعَةٌ	好主意
شِيرَاتُون	喜来登（饭店的名字）
دَرَجَةٌ ج دَرَجَاتٌ	等级；成绩
نَجْمٌ ج نُجُومٌ	星，星星
سِعْرٌ ج أَسْعَارٌ	价格，牌价，行情
تَكَلَّفَ يَتَكَلَّفُ تَكَلُّفاً	花费
رَاقٍ م رَاقِيَةٌ	高的，高雅
مَا شَاءَ اللهُ	哎呀（表示惊讶）
مَاءٌ سَاخِنٌ	热水
مَاءٌ بَارِدٌ	冷水
ثَلَّاجَةٌ / بَرَّادَةٌ	冰箱
بَار	酒吧（bar）
صَالَةٌ ج صَالَاتٌ	大厅
اَلْقَهْوَةُ	咖啡
اَلشَّاي	茶
مِلآن بـ	充满

اَلسِّينَمَا	电影院
مَسْرَحٌ جـ مَسارِحُ	戏院
وَلَوْ	即使，即便
مَعْقُولٌ م مَعْقُولَةٌ	被认可的，可接受的
دَفَعَ يَدْفَعُ دَفْعاً شَيْئاً	推，推动；支付，付钱
هَيَّا (بِنا أو نَفْعَلْ)	让我们（走吧/干起来吧）
لَوْ سَمَحْتَ	对不起，劳驾
حَجَزَ ـِ حَجْزاً	订，预订
مِنْ قَبْلُ	以前
فَارِغٌ م فَارِغَةٌ	空的
دَعْنِي أَتَأَكَّدْ	让我确定一下
الحاسوب/ اَلْكُمْبِيُوتَر	计算机，电脑
اَلطَّابِقُ الْعَاشِرُ	第十层
رَقَمٌ جـ أَرْقامٌ	数字，号码
أَرْشَدَ يُرْشِدُ إِرْشَاداً	引路，领路，指引
اَلْمِصْعَدُ (الْكَهْرَبَائِيُّ)	电梯
اَلْمُعَطَّلُ	坏了，不能使用了
صَعِدَ يَصْعَدُ صُعُوداً	登，爬
قَلِقَ يَقْلَقُ قَلَقاً عَلَى الأَمْرِ	担心，忧虑，不安

37 الدرس الثالث الفندق والمطعم
第三课 旅馆与餐厅

بَقشِيش	小费
مُنَاسِبٌ جـ مُنَاسِبَةٌ	适合的，适当的，相称的
مُطِلٌ عَلَى	俯瞰，鸟瞰
يَا لَلْجَمَالِ	太美了(用于感叹句的一种表达方式)
جَوْلَةٌ جـ جَوْلَاتٌ	漫步
اِرْتَادَ يَرْتَادُ اِرْتِيَاداً الْمَكَانَ	寻求，探究
مَائِدَةٌ جـ مَوائِدُ	桌子，餐桌
اِسْتَمْتَعَ يَسْتَمْتِعُ اِسْتِمْتَاعاً بـ	欣赏
مَنْظَرٌ جـ مَنَاظِرُ	景色
اَلْجَرْسُون/ النادل	服务员
وَضَعَ يَضَعُ وَضْعاً	放；制订（计划）
طَبَقٌ جـ أَطْبَاقٌ	盘子
سِكِّينٌ جـ سَكَاكِينُ	刀子
شَوْكَةٌ جـ شُوَكٌ	叉子
مِلْعَقَةٌ جـ مَلاعِقُ	勺子
قَائِمَةُ الطَّعَامِ	菜单
لَحْمٌ مَشْوِيٌّ	烤肉
بَطَاطِس بِالْفُرْنِ	烤土豆
عَصِيرُ الطَّمَاطِمِ	番茄汁

沙拉	اَلسَّلَطَة
甜品	اَلْحُلْوُ
杯，一杯（量词）	فِنْجَان
馅饼	فَطِيرَةٌ جـ فَطَائِرُ
饱，吃饱	شَبِعَ – شَبْعاً وشِبَعاً
芒果	مَانْجُو
饱了，吃饱了；吃饱的人	شَبْعَان م شَبْعَى وشَبْعَانَة جـ شِبَاع وشَبَاعى

الدرس الثالث الفندق والمطعم

> **附：相关译文**

第三课 旅馆与餐厅

◎ 艾——艾明

◎ 穆——穆罕默德

穆：你好！

艾：你好！

穆：早上好，艾明先生。

艾：早上好，穆罕默德先生。

穆：睡得好吗？

艾：很好，谢谢。

穆：今天我们去哪儿？

艾：首先，我想请你吃午饭，然后逛一逛开罗。

穆：好主意。

艾：你想去哪一家餐厅？

穆：哪一家餐厅？我听你的。

艾：我想，我们去喜来登饭店，这是开罗最好的饭店，是五星级饭店。

穆：我们为什么去这么高级的饭店？价格太贵了，我不想让你为我太破费。

艾：没关系，这个饭店的饭很好吃，环境高雅又干净，我们走吧。

到了饭店

穆：天呀，这个饭店太大了。

艾：是的，这是开罗最好的饭店，里面有许多漂亮的房间，有的房间一张床，有的房间有两张床，还有电话、电视、冷热水、冰箱和免费的无线网。

穆：里面有餐厅吗？

艾：是的。有很好的餐厅，厨师的水平都很高。里面有餐厅、酒吧、咖啡馆、茶馆。这里每天都有许多客人光临，有阿拉伯人也有外国人，他们在餐厅里吃饭、喝饮料，然后坐在大厅里读报、看杂志，或去电影院、戏院。

穆：这太棒了，我想哪怕在这里住一天也好啊。

艾：当然可以，如果你愿意，你今天就住在这里。

穆：价格很贵吧？

الدرس الثالث الفندق والمطعم

第三课 旅馆与餐厅

艾：不是很贵，可以接受，我付钱。

穆：谢谢了。

艾：我们去前台服务员那里吧。

◎ 艾——艾明

◎ 穆——穆罕默德

◎ 服——服务员

穆：先生，我们想要一个房间。

服：您有预约吗？

穆：不，我没有预约，有空房间吗？

服：我给您从电脑里查一下，有，您要开几个房间？一张床的还是两张床的？

穆：给艾明先生开一个一张床的房间。

服：好的，在十层，房号是1016。

穆：谢谢。

服：这位先生领您二位去房间。

穆：这太好了。

艾：我们去房间吧。

穆：谢谢。

艾：哎呀，电梯坏了。

穆：没有电梯我们怎么上十层楼啊？

服：您不用担心，我们那边还有一个电梯，走吧。我们到房间了。

穆：谢谢先生，请（给小费）。

服：谢谢。

◎ 艾——艾明

◎ 穆——穆罕默德

艾：房间很舒服也很合适。

穆：是的，这家饭店建在尼罗河岸，真是太美了，我听说开罗的夜景特别漂亮。

艾：是的，开罗的夜晚比白天更漂亮，我们先去餐厅，然后去开罗转一转，我们订一个位子，否则就没有地方了。

穆：好吧。

艾：这个餐厅可真大，能坐这么多的人。

穆：是的，我在靠窗的地方订了位子，你可以一边吃饭一边欣赏开罗的景色。

艾：太谢谢你了，穆罕默德先生。

الدرس الثالث الفندق والمطعم

第三课 旅馆与餐厅

服务员已经把餐盘放在餐桌上了，旁边放了刀子、叉子和勺子。

穆：这是菜单。

艾：我看看，今天的特色菜是什么？噢，在这儿。烤肉、烤土豆、米饭、鱼、鸡。这里的饭可口种类又多。我想先要番茄汁，然后再要一盘鱼、米饭、蔬菜、沙拉。你呢？

穆：和他点的一样，我再加一盘鸡。

艾：甜点呢？我们这儿有水果和各种馅饼。

穆：我要水果，你呢？

艾：我也要水果。

穆：你喝点什么？茶还是咖啡？

艾：我要茶。

穆：我要咖啡。

艾：好的，一杯茶，一杯咖啡。

穆：还要别的吗？

艾：别的不要了。

穆：谢谢，我吃饱了。

艾：愿你幸福。

穆：也祝你幸福。还要点别的吗？

艾：不，不要了。

穆：这里的果汁，特别是芒果汁特别好。

艾：不，谢谢，我很饱了。

穆：那我们去逛一逛吧。

艾：走吧。

الدرس الرابع

زيارة القرية

⚜ أ ــ أمين
⚜ م ــ محمّد

م: صباح الخير!
أ: صباح النور!
م: كيف حالك؟

أ: أنا بخير، كلّ شيء على خير ما يرام. وأنت؟

م: الحمد لله.

أ: ما برنامج الزيارة اليوم؟ هل تريد زيارة مكان معين؟

م: لا، فلترتب أنت برنامج الزيارة.

أ: هل تريد زيارة بعض الأماكن داخل الصين؟

م: بكلّ سرور، أعرف أن الصين دولة عظيمة مثل مصر، يرجع تاريخها إلى خمسة آلاف سنة، وأبدعت المخترعات الأربعة في تاريخ الإنسانيّة، وبنت سور الصين العظيم وهو من عجائب الدنيا السبع مثل الأهرامات في مصر والحدائق المعلّقة في العراق.

أ: نعم، الصين دولة قديمة. هل زرت الريف الصيني من قبل؟

م: لا، أريد أن أنتهز هذه الفرصة لأقوم بزيارة الريف الصيني هذه المرّة إذا أمكن.

أ: طبعا، ممكن، وعلى فكرة، هل تعرف أي شيء عن القرى (الحياة الريفية) في الصين؟

م: لا، لا أعرف أي شيء عن الريف الصيني.

أ: الصين دولة زراعيّة، ٣٦,١١٪ من سكّانها فلّاحون، الأراضي الصالحة للزراعة محدودة جدّا، عدد السكّان كبير ولكن المساحة المزروعة قليلة نسبيّا.

م: ولكن سمعت أن الصين حققت منجزات كبيرة في بناء الريف

الدرس الرابع زيارة القرية

الصينيّ الجديد؟

أ: نعم، ولكن، تقدّم الريف الصيني غير متوازن، القرى في شرق الصين حققت تقدمًا أكثر من مثيلاتها في غرب الصين.

م: هل حلّت الحكومة الصينيّة هذه المشكلة؟

أ: نعم، تحلّ الحكومة المشاكل الثلاث خلال هذه السنوات وهي الزراعة والريف والفلّاح.

م: كيف تحلّ هذه المشاكل الثلاث وهي مشاكل عالميّة كبيرة؟

أ: الصين دولة كبيرة، ومشكلة الزراعة من أكبر المشاكل التي تواجهها حكومة الصين وقد بذلت جهودها في رفع مستوى معيشة الفلّاحين، وأعتقد أنّ حياة الفلّاحين الصينيّين ستتحسّن سنة بعد سنة. لي خال يعيش في ضاحية من ضواحي بكين وهو من أسرة ريفية، أريد أن أدعوك لزيارة بيته.

م: هذا جميل. متى نتحرّك؟

أ: غدا في الصباح الباكر نذهب معا إلى بيته.

م: إن شاء الله.

في صباح اليوم التالي دقّ جرس التلفون في غرفة الأستاذ محمّد.

أ: آلو، السلام عليكم!

مـ: وعليكم السلام! من المتكلّم؟

أ: أنا أمين، يا أستاذ. هل استيقظتم؟

مـ: نعم، يا أستاذ أمين، ومتى تصل إليّ؟

أ: حالا.

سمع الأستاذ محمّد صوت طرق الباب.

مـ: نعم، من الطارق؟

أ: أنا أمين.

مـ: أهلا وسهلا، ومرحبا يا أستاذ أمين.

أ: أهلا بك، صباح الخير يا أستاذ محمّد.

مـ: كيف حالك؟

أ: بخير، والحمد لله. كيف كان نومك؟ هل نمتم جيّدا؟

مـ: لا، أبدا. لم أنم جيّدا بعد أن سمعت أنّنا سنزور اليوم بيت خالك. وكان ذهني مملوءًا بالمناظر الريفيّة الصينيّة، وأتخيّل صورة حياة الفلاّحين.

أ: لا تتخيّل، هيّا بنا. ويمكنك أن تستريح قليلا في السيارة.

◎ *أ — أمين*

◎ *مـ — محمّد*

خـ — *خال أمين*

أ: ها قد وصلنا، خالي ينتظرنا عند باب القرية. أهلا وسهلا يا خالي.

خـ: أهلا يا أمين، مرحبا.

أ: دعني أقدّم إليكم الأستاذ محمّد، هو عربي.

خـ: أهلا، أهلا، مرحبا بضيفنا الكريم.

مـ: شكرا.

خـ: تفضّل، هذا بيتي.

مـ: ما شاء الله، بيتكم كبير جدّا.

خـ: نعم، بني هذا البيت قبل سنة، فيه عشر غرف، وفيه المطبخ ودورة المياه.

مـ: كيف بنيتَ الغرف الكبيرة، هل تزرع الأرض فقط؟

خـ: لا، لي مزرعة متوسّطة الحجم. هل تريد أن تزور مزرعتي؟

مـ: نعم.

خـ: حسنا، نركب السيّارة إلى المزرعة.

مـ: هل هي بعيدة؟

خـ: لا، ولكن السيّارة أسرع وأكثر راحةً.

خـ: انظر هذه هي مزرعتي. هناك جزء من الحقول، يمكنني أن أزرع فيها الخضراوات والفواكه مثل الخيار والطماطم والبصل

والفاصوليا والكرنب والمشمش والخوخ والتفّاح والكمّثرى، نجني الثمار في الخريف ونبيعها في المدينة ونكسب منها أموالا معقولة.

م: كيف حياتك في السنوات الأخيرة؟

خ: تحسّنت، لأنّنا نستطيع أن نزرع ما نريد.

م: شممت رائحة غريبة، هل تربّي الحيوانات في المزرعة أيضا؟

خ: نعم، نربي حيوانات كثيرة مثل البقر التي نحلب لبنها، والخراف التي تنتج لنا الصوف، والدجاجات التي تبيض وأيضا بعض الإوزّ والبطّ والأحصنة والحمير.

أ: نأخذ من البقرة أشياء كثيرة مثلا: اللحم واللبن والجلد، نأكل لحمها ونشرب لبنها ونصنع منه الجبن والزبد، أمّا الجلد فنصنع منه المصنوعات الجلديّة مثل الأحذيّة والحقائب.

م: رأيت حمامات تطير في السماء، هل تربي الحمام أيضا؟

خ: نعم، أكسب منها كثيرا، هناك نوعان من الحمام، النوع الأوّل للمراسلة والنوع الثاني للأكل، سمعت أن العرب يحبّون تناول الحمام كثيرا، أليس كذلك؟

م: نعم، العرب يحبّون الحمام المشويّ.

خ: حسنا، سنتناول الحمام على الغداء اليوم، ويمكنك أن تتذوق طعم الحمام المشوي على الطريقة الصينية.

第四课 参观村庄

مـ: هل تزرعون القطن أيضا؟

خـ: لا، المناخ هنا غير مناسب للقطن. أعرف أن قطن مصر ممتاز جدّا، هل تعرف كيف يزرع القطن؟

مـ: نعم، أنا فلّاح مصريّ ماهر، كنت أزرع القطن عندما كنت في مصر.

خـ: إذا، أريد أن أتعلّم منك زراعة القطن وأزرع القطن المصريّ الممتاز في مزرعتي لكي أكسب أموالا أكثر.

مـ: إن شاء الله.

المفردات الجديدة

كُلُّ شَيْءٍ على خَيْر ما يُرَام	一切顺利
هَدَفٌ جـ أَهْدَافٌ	目标
رَغِبَ يَرْغَبُ رَغْبَةً في	喜欢
رَجَعَ يَرْجِعُ رُجُوعًا التَارِيَخُ إلى	历史可追溯到
أَبْدَعَ يُبْدِعُ إِبْدَاعًا	发明，创造
الْمُخْتَرَعَاتُ الأَرْبَعَةُ	四大发明
عَجِيبَةٌ جـ عَجَائِبُ	奇迹

世界	الدُّنْيَا
金字塔	هَرَمٌ ج أَهْرَامٌ
空中花园	الْحَدِيقَةُ الْمُعَلَّقَةُ
利用	اِنْتَهَزَ يَنْتَهِزُ اِنْتِهَازًا
如果可能的话	إذَا أَمْكَنَ
顺便	عَلَى فِكْرَةٍ
可耕种土地	الْأَرَاضِي الصَّالِحَةُ الْمَزْرُوعَةُ
有限的	مَحْدُودٌ م مَحْدُودَةٌ
平衡的	مُتَوَازِنٌ
获得	حَصَلَ يَحْصُلُ حُصُولًا عَلَى
解决	حَلَّ يَحُلُّ حَلًّا
问题	مُشْكِلَةٌ ج مَشَاكِلُ
政府	حُكُومَةٌ ج حُكُومَاتٌ
郊区	ضَاحِيَةٌ ج ضَوَاحٍ
想象	تَخَيَّلَ يَتَخَيَّلُ تَخَيُّلًا
农场	مَزْرَعَةٌ ج مَزَارِعُ
黄瓜	خِيَارٌ
西红柿	طَمَاطِم
葱，洋葱	بَصَل

فَاصُولِيَا	豆角
كُرُنْب	圆白菜
مِشْمِش	杏
خَوْخ	桃
تُفَّاح	苹果
كُمَّثْرَى	梨
إِوَزّ	鹅
بَطّ	鸭
حِصَانٌ جـ أَحْصِنَة	马
حِمَارٌ جـ حَمِيرٌ	驴
جُبْنَةٌ	奶酪
زُبْدَةٌ	黄油
حَمَامٌ جـ حَمَامَاتٌ	鸽子
الْحَمَامَاتُ الْمَشْوِيَّةُ	烤鸽子
قُطْنٌ جـ أَقْطَانٌ	棉花

附：相关译文

第四课　参观村庄

◎ 艾——艾明

◎ 穆——穆罕默德

穆：早上好！

艾：早上好！

穆：你好吗？

艾：我很好，一切如愿，你呢？

穆：我很好。

艾：今天的参观计划是什么？你今天有什么参观的目标吗？

穆：没有，我听你的。

艾：你有兴趣在中国四处看一看吗？

穆：很高兴，我知道中国像埃及一样，也是一个伟大的国家，有五千年历史了，在人类历史上有四大发明，长城和埃及的金字塔、伊拉克的空中花园一样，也是世界七大奇迹之一。

第四课 参观村庄

الدرس الرابع زيارة القرية

艾：是的，中国是一个古老的国家，你以前去过中国的农村吗？

穆：没有，我想这次如果有可能的话，利用这个机会参观一下中国的农村。

艾：当然可以。顺便说一下，你对中国的农村了解吗？

穆：不，我对中国农村一无所知。

艾：中国是一个农业国，36.11%的人口是农民，可耕地有限，人口很多，耕地面积相对很小。

穆：但是我听说中国在建设新农村方面取得了很大的进步。

艾：是的，但是中国农村的发展很不平衡，中国东部农村发展比西部快。

穆：中国政府解决这个问题了吗？

艾：是的，中国政府这几年正在解决三农问题，它就是农业、农村、农民。

穆：政府怎么解决这三个问题呢？这也是世界性的问题。

艾：中国是一个大国，农民问题是中国政府面临的最大的问题，政府已在提高农民的生活水平方面做了很大的努力，我相信中国农民的生活水平会一年比一年好。我有一个舅舅生活在北京的郊区，他是一个农民，我想请你去他家参观。

穆：这太棒了，我们什么时候出发？

艾：我明天一大早接你去他家。

穆：好吧。

第二天早上，穆罕默德先生房间的电话铃响了。

艾：喂，你好。

穆：你好，你是哪位？

艾：我是艾明，先生，你已经起床了吗？

穆：是的，艾明先生，你什么时候到我这儿来？

艾：马上。

穆罕默德先生听到敲门的声音。

穆：哎，谁呀？

艾：我是艾明。

穆：你好，艾明先生。

艾：你好，早上好，穆罕默德先生。

穆：你好吗？

الدرس الرابع زيارة القرية

第四课 参观村庄

艾：很好，谢谢。睡得好吗？

穆：不，一点都不好，当我知道我们今天去你的舅舅家访问时，我就没有睡好，那时我满脑子都是中国农村的景象，我想象着中国农民生活的场景。

艾：不要想象了，我们走吧，你可以在汽车上休息一会儿。

◎ 艾——艾明

◎ 穆——穆罕默德

◎ 舅——艾明的舅舅

艾：我们到了，我舅舅正在村口等我们呢。你好，舅舅。

舅：你好，艾明，欢迎。

艾：让我给您介绍一下这位来自阿拉伯国家的穆罕默德先生。

舅：你好，欢迎尊贵的客人。

穆：谢谢。

舅：请进，这是我家。

穆：天啊，你的家可真大。

舅：是的，这几间房是一年前盖的，有十间房，其中包括厨房和卫生间。

穆：你怎么盖这么大的房子，你只种地吗？

舅：不，我有一个中型规模的农场，你想参观一下我的农场吗？

穆：是的。

舅：好吧，我们乘车去吧。

穆：很远吗？

舅：不，不过坐汽车快一点儿，还更舒服。

舅：你看，这就是我的农场，那儿有一块地，我可以种蔬菜和水果，像黄瓜、西红柿、葱、豆角、圆白菜、杏、桃、苹果、梨。秋天我们采摘果实，拿到市里去卖，能挣不少的钱。

穆：最近几年，你的生活怎么样？

舅：好多了，因为我们可以种我们想种的东西了。

穆：我闻到了一种奇怪的味道，你的农场里还养动物吗？

舅：是的，我们还养了许多动物，有给我们提供牛奶的牛，给我们提供羊毛的羊，给我们提供鸡蛋的鸡，另外还有鹅、鸭、马和驴。

艾：我们能从牛的身上得到许多东西，比如牛肉、牛奶、

الدرس الرابع زيارة القرية

第四课 参观村庄

牛皮，我们吃牛肉，喝牛奶，还可从牛奶中制造出奶酪、黄油，还可以制造出皮革制品，如鞋、皮包。

穆：我看见天上有鸽子在飞，是你养的吗？

舅：是的，我养鸽子能挣许多钱，鸽子有两种，一种是信鸽，一种是食用鸽子。我听说阿拉伯人特别喜欢吃鸽子肉，是真的吗？

穆：是的，阿拉伯人喜欢吃烤鸽子。

舅：好吧，今天中午我就请你吃烤鸽子，请你尝尝中国风味的烤鸽子。

穆：你们也种棉花吗？

舅：不，这里的气候不适宜种棉花。我知道埃及的棉花非常好，你会种棉花吗？

穆：是的，我是一个埃及的农民，我原来在埃及的时候也种过棉花。

舅：那我就向你学习种棉花，我要在我的农场里种棉花，然后可以挣更多的钱。

穆：但愿如此。

الدرس الخامس

مصر وقطر

- أ — أمين
- مـ — محمّد

أ: صباح الخير!
مـ: صباح النور!
أ: كيف حالك؟

م: أنا بخير، شكرا، وأنت؟

أ: الحمد لله، بخير.

م: أين كنت؟ لم أرك منذ زمن!

أ: كنت في زيارة إلى مصر.

م: الآن عرفت سبب اختفائك. متى كانت هذه الزيارة؟

أ: في الفترة من ٢٤ حتى ٣٠ من مارس، استغرقت الزيارة أسبوعا.

م: كيف كان رحلتك؟ هل رتّب لك مكتب سياحة السفر مع مجموعة من السيّاح؟

أ: نعم، اشتركت مع مكتب السيّاحة الصينيّة الدوليّة.

م: كيف مصر؟

أ: إنّ حضارة مصر ضاربة بجذورها في أعماق التاريخ، ومملوءة بَالقصص الساحرة.

م: هل يمكنك أن تحدّثني عنها قليلا؟

أ: نعم، اسمها الرسميّ جمهوريّة مصر العربيّة، عاصمتها القاهرة، لغتها الرسميّة هي العربيّة. فيها أهرامات الجيزة وهي من عجائب الدنيا السبع وأبو الهول وهو حارس الأهرام والفراعنة، يرجع تاريخها إلى سبعة آلاف سنة وفي القاهرة أسواق مشهورة مثل سوق العتبة وسوق خان الخليلي.

م: هل اشتريت من مصر تحفًا أثريّة؟

أ: نعم، اشتريت البرديّ وهو من أقدم الأوراق في العالم.

م: من المعروف أن الصينيّين هم أوّل من اخترع الورق.

أ: نعم، ولكن المصريّين القدماء كانوا يعرفون صناعة الورق من أوراق الشجر، ويكتبون عليها كلمات قديمة نسميّها الهيروغليفيّة أو اللغة التصويريّة.

م: إنّ هذه الأوراق ثمينة جدًّا. وماذا اشتريت أيضا؟

أ: اشتريت الأطباق النحاسيّة لأن خان الخليلي سوق مشهورة بالأطباق النحاسيّة المنقوش عليها.

م: هل هذا البردي والأطباق غالية؟

أ: لا، حسب نوعيّتها وجودتها. بعضها غالٍ وبعضها رخيص.

م: هل في القاهرة جامعة مشهورة؟

أ: نعم، فيها جامعة القاهرة وهي أكبر جامعة في مصر وجامعة الأزهر من أقدم الجامعات الإسلاميّة في العالم، وهي جامعة شاملة كاملة، كلّ سنة، يقبل عليها الطلّاب المسلمون من أنحاء العالم لتوسيع معارفهم عن الإسلام ودراسة العلوم المختلفة.

م: هل زرت أماكن أخرى في مصر؟

أ: نعم، زرت الإسكندريّة، مصيف جميل وميناء مهم يقع على ساحل البحر الأبيض المتوسّط، ومدينة السويس التي اكتسبت

الدرس الخامس مصر وقطر

شهرتها من قناة السويس التي تفصل بين آسيا وإفريقيا وتربط البحر الأبيض المتوسّط بالبحر الأحمر. والأقصر، مدينة تاريخيّة فيها معبد الكَرْنَك. وزرت مدينة أسوان وهي تشتهر بالسدّ العالي، وفيها أيضا معبد أبو سمبل، معبد جميل، وقد نقل من مكانه المنخفض إلى مكان مرتفع بسبب بناء السدّ العالي وذلك خوفا من أن تغمره المياه، وهو بناية جميلة تعكس ذكاء وحكمة الشعب المصريّ القديم.

م: قلت إنّك قد زرت البحر الأبيض المتوسّط، هل هذا البحر أبيض اللون؟

أ: لا، هذا اسمه العربيّ لا لونه.

م: وما لون مياه هذا البحر؟

أ: طبعا زرقاء، وكما أن البحر الأحمر أزرق، وسمّي بالأحمر بسبب الشعب المرجانيّة الحمراء.

م: وأين قضيت بقيّة الأيّام؟

أ: ذهبت إلى قطر واشتركت في مؤتمر دوليّ.

م: هل قمت بالسياحة داخل قطر خلال فترة المؤتمر؟

أ: نعم، زرت بعض الأماكن المشهورة داخل العاصمة وفي خارجها.

م: أي مدن زرت هناك؟

أ: تجوّلت في الدوحة وهي عاصمة قطر، وذهبت إلى الشمال وإلى

الخور العايد، وذهبت إلى استاد لوسيل الذي أقيمت عليه المباراة النهائية لكأس العالم ٢٠٢٢.

م: نعم، شاهدت كأس العالم الذي استضافته قطر، هذه أول مرة تستضيف دولة عربية كأس العالم، وكان التنظيم رائعًا.

أ: نعم، كان التنظيم رائعًا، وكان ذلك فخرًا لكل الدول العربية. كما حل المنتخب المغربي في المركز الرابع، وقدم بطولة تاريخية هي الأفضل في تاريخ المنتخبات العربية.

م: بم تشتهر قطر؟

أ: تشتهر قطر بتصنيعها واستخراجها للغاز الطبيعي، حيث تعتبر هذه الصناعة أحد أهم وأبرز مصادر الدخل فيها، كما تشتهر أيضًا باستخراج البترول، ولعل هذا ما جعلها من أغنى البلاد.

م: لا شك أنك اشتريت أشياء كثيرة، سمعت أن الأسعار في قطر رخيصة جدًّا.

أ: هذا صحيح، اشتريت أقمشة حريريّة، كما أنني اشتريت من هناك تميمة كأس العالم "لعيب"، وهو مجسم يرتدي زيًّا عربيًّا مكونًا من الشماغ الأبيض والعقال.

م: نعم، تميمة "لعيب" رائعة للغاية. هل هذه الأقمشة الحريريّة من الحرير الصناعيّ؟

أ: لا، لا أحبّ الحرير الاصطناعيّ، أفضّل الحرير الطبيعيّ، اشتريت

第五课 埃及和卡塔尔

ثلاثة أمتار من الحرير الطبيعيّ.

مـ: هذا جميل، يمكنك أن تعطي خامة القماش هذه لخياط ليفصل فستانًا لزوجتك.

أ: زوجتي تحبّ هذا اللون كثيرًا.

مـ: مصر وقطر دولتان عربيّتان مشهورتان، تلعبان دورًا كبيرًا في شؤون عمليّة السلام في الشرق الأوسط.

أ: نعم، مصر أكبر من قطر مساحة وأكثر منها سكّانا.

مـ: قبل أن أنسى، أريد أن أقول لك إن قطن مصر ممتاز جدًّا.

أ: نعم، أريد أن أشتري بعض بذور القطن المصريّ.

مـ: لماذا؟

أ: كي أزرع قطنًا في بيتي وأكسب أموالًا، ألا تعرف أن القطن يسمّى الذهب الأبيض والنفط يسمّى الذهب الأسود.

المفردات الجديدة

شَافَ يَشُوفُ شَوْفًا	看，看见，见面
اِسْتَغْرَقَ يَسْتَغْرِقُ اِسْتِغْرَاقاً	历时，沉浸于
رَتَّبَ يُرَتِّبُ تَرْتِيباً	安排，整理

ضَارِبَةٌ	打，打击
جِذْرٌ جـ جُذُورٌ	根
مَمْلُوءٌ م مَمْلُوءَةٌ	充满
قِصَّةٌ جـ قِصَصٌ	故事
سَاحِرٌ م سَاحِرَةٌ	神奇
اَللُّغَةُ الرَّسْمِيَّةُ	官方语言，正式语言
حَارِسٌ جـ حُرَّاسٌ وحَرَسٌ	守卫者
اَلْعَتَبَةُ وخَانُ الخَلِيلِي	阿塔巴和汗・哈里里（埃及的两个著名市场）
تُحْفَةٌ جـ تُحَفٌ	文物，珍宝
البَرْدِيّ	纸草（埃及产的一种古老的纸张）
اَلْهِيرُوغْلِيفِيَّة	象形文字
ثَمِينٌ م ثَمِينَةٌ	珍贵，宝贵
نُحَاسٌ	铜
طَبَقٌ نُحَاسِيٌّ جـ أَطْبَاقٌ نُحَاسِيَّةٌ	铜盘
نَوْعِيَّةٌ	方式，方法，办法；质量
جَوْدَةٌ	质量，优良，卓越
جَامِعَةٌ شَامِلَةٌ كَامِلَةٌ	综合性大学
اَلْجَامِعَةُ الإِسْلَامِيَّةُ	伊斯兰大学
أَقْبَلَ يُقْبِلُ إِقْبَالاً على	欢迎，招收

67 الدرس الخامس مصر وقطر
第五课 埃及和卡塔尔

وَسَّعَ يُوَسِّعُ تَوْسِيعًا	扩充，扩大
مَعْرِفَةٌ جـ مَعَارِفُ	知识，认识
مِينَاءٌ جـ مَوَانٍ ومَوَانِئُ	港口
سَاحِلٌ	岸
اَلْبَحْرُ الأَبْيَضُ الْمُتَوَسِّطُ	地中海
قَنَاةٌ جـ قَنَوَاتٌ	运河；频道
قَنَاةُ السُّوَيْس	苏伊士运河
اَلسَّدُّ الْعَالِي	高坝（阿斯旺水坝）
مَعْبَدُ الكَرْنَك	卡纳克神庙
أَبُو سَمْبَل	艾布•辛贝勒（神庙）
مُرْتَفِعٌ	高的
مُنْخَفِضٌ	低的
مَرْجَان	珊瑚
مُؤْتَمَرٌ دَوْلِيٌّ	国际会议
الْمُبَارَاةُ النِّهَائِيَّةُ	决赛
اسْتَضَافَ يَسْتَضِيفُ اسْتِضَافَةً	主办
كَأْسُ الْعَالَمِ	世界杯
نَظَّمَ يُنَظِّمُ تَنْظِيمًا	组织
المَرْكَزُ الرَّابِعُ	第四名

بُطُولَةٌ تَارِيخيَّةٌ	历史性的锦标
اسْتَخْرَجَ يَسْتَخْرِجُ اسْتِخْرَاجًا	开采
الْغَازُ الطَّبِيعِيُّ	天然气
مَصْدَرُ الدَّخْلِ / مَصَادِرُ الدَّخْلِ	收入来源
تَمِيمَةٌ جـ تَمَائِمُ	吉祥物
"لَعِّيبٌ"	“拉伊卜”=技艺高超的球员=超级天才球员
مُجَسَّمٌ جـ مُجَسَّمَاتٌ	拟人化
الشِّمَاغُ	头巾
الْعِقَالُ	头箍
صِنَاعِيٌّ	人工的
طَبِيعِيٌّ	天然的
دَوْرٌ جـ أَدْوَارٌ	作用，角色
لَعِبَ دَوْرًا كَبِيرًا	起很大的作用
شُؤُونُ عَمَلِيَّةِ السَّلَامِ	和平进程的事务
اَلشَّرْقُ الْأَوْسَطُ	中东

附：阿拉伯国家的别称

أ: هل تعلم أن مصر تسمّى أرض الكنانة وأيضا تعرف باسم أم الدنيا.

م: هل تعلم أن السودان يسمّى أرض النيلين.

أ: هل تعلم أن تونس تسمّى تونس الخضراء.

م: هل تعلم أن الجزائر تسمّى أرض المليون شهيد.

أ: هل تعلم أن السعوديّة تسمّى أرض الحرمين.

م: هل تعلم أن اليمن تسمّى مقبرة الغزاة.

أ: هل تعلم أن سورية ولبنان والأردن وفلسطين تسمّى أرض الهلال الخصيب، وأيضا بلاد الشام.

م: هل تعلم أن ليبيا وتونس والجزائر والمغرب وموريتانيا تعرف ببلاد المغربى العربيّ.

أ: هل تعلم أن العراق يعرف ببلاد الرافدين.

附：相关译文

第五课　埃及和卡塔尔

◎ 艾——艾明

◎ 穆——穆罕默德

艾：早上好！

穆：早上好！

艾：你好吗？

穆：我很好，谢谢，你呢？

艾：也谢谢你，我很好。

穆：你去哪儿了，很长时间没有见到你了？

艾：我去了一趟埃及。

穆：我现在知道找不到你的原因了。什么时候去的？

艾：3月24到30号，一共7天。

穆：旅行怎么样？你是参加旅行社组团去的吗？

艾：是的，我参加了中国国际旅行社组的团。

穆：埃及怎么样？

الدرس الخامس مصر وقطر

艾：埃及文明源远流长，充满神奇的故事。

穆：你能给我讲讲吗？

艾：好的，埃及的全名是阿拉伯埃及共和国，官方语言是阿拉伯语。它有吉萨金字塔，是世界七大奇迹之一，还有狮身人面像，它是金字塔和法老的守护者，距今已有五千多年的历史。埃及有许多著名的市场，像阿塔巴、汗·哈里里等。

穆：你从埃及买过一些古董吗？

艾：是的，我买了纸草，它是一种世界上最古老的纸之一。

穆：众所周知中国人是世界上最早发明纸的人。

艾：是的，但是古埃及人那时就知道用树叶制造纸张，然后在上面写字，我们叫它象形文字。

穆：这种纸一定很贵。你还买了些什么？

艾：我买了一些铜盘，因为汗·哈里里市场的铜盘很有名。

穆：纸草和铜盘都很贵吗？

艾：不，要根据质量。有些很贵，有些很便宜。

穆：开罗有著名的大学吗？

艾：是的，开罗有开罗大学，它是开罗最大的大学，还有艾资哈尔大学，它是世界上最古老的伊斯兰大学之一，它是一所综合性的大学，每年接受来自世界各地的穆斯林来这里学习伊斯兰教和其他学科的知识。

穆：你还去过埃及的其他地方吗？

艾：是的，我去过亚历山大，它是漂亮的避暑胜地，也是地中海沿岸的著名港口。苏伊士城，它以苏伊士运河而闻名，苏伊士运河连接亚洲、非洲和地中海、红海。卢克索，是一个历史名城，有卡纳克神庙。我还去了阿斯旺，那里有著名的阿斯旺水坝，另外艾布·辛贝勒也是美丽的神庙，因为建造阿斯旺水坝，担心将神庙淹没，所以将其从低处迁到高处，这是一个美丽的神庙，它体现了古代埃及人民的智慧与才能。

穆：你说你还去过地中海，这个海的颜色是白的吗？

艾：不，这只是它的阿拉伯语名字，而不代表颜色。

穆：那这个海是什么颜色的？

艾：当然是蓝色的，同样，红海也是蓝色的，人们称之为红海是因为海中红色的珊瑚。

穆：剩下的几天你去哪儿了？

艾：我去了卡塔尔参加一个国际会议。

第五课 埃及和卡塔尔

穆：那参会期间，你也在卡塔尔境内旅游了吗？

艾：是的，我去了卡塔尔首都的许多著名景点。

穆：你都去了什么地方？

艾：我在多哈逛了逛，它是卡塔尔的首都，也去了卡塔尔北部区和豪尔，还有举行 2022 年世界杯决赛的卢赛尔体育场。

穆：是的，我看了卡塔尔举办的世界杯。这是阿拉伯国家第一次举办世界杯，组织得很精彩。

艾：是的，这次组织确实很精彩，是所有阿拉伯国家的骄傲。摩洛哥国家队也赢得了第四名，获得了历史性的成绩，这也是阿拉伯队参赛历史上最好的成绩。

穆：卡塔尔有什么有名的东西？

艾：卡塔尔以天然气的制造和开采而闻名，因为这个行业被认为是卡塔尔最重要和最突出的收入来源之一。卡塔尔也以石油开采而闻名，也许这就是其成为最富有的国家之一的原因。

穆：那你一定买了许多东西，我听说卡塔尔的物价很低。

艾：是的，我买了丝绸，也买了世界杯吉祥物"拉伊卜"，就是那个穿着头巾和头箍组成的传统阿拉伯服装的拟人化的吉祥物。

穆：是的,"拉伊卜"很好看。这些丝绸是人造丝吗?

艾：不,我不喜欢人造丝,我喜欢真丝,我买了三米真丝。

穆：这太棒了,你可以让裁缝用这些布给你的太太做一身连衣裙。

艾：我太太特别喜欢这布的颜色。

穆：埃及和卡塔尔是两个著名的阿拉伯国家,在中东和平进程中起了很大的作用。

艾：是的,埃及比卡塔尔的国土面积大,人口也多。

穆：对了,我还想说埃及的棉花也是非常有名的。

艾：是的,我还想买一些埃及的棉花种子。

穆：干什么?

艾：我回家种棉花,挣钱。你没听说棉花是白金,石油是黑金嘛。

附：阿拉伯国家的别称

艾：你知道吗，埃及又称英雄之地，还称为大地之母。

穆：苏丹又称两尼罗河大地。

艾：突尼斯又称绿色突尼斯。

穆：阿尔及利亚又称百万烈士之地。

艾：沙特阿拉伯又称为两禁地之国。

穆：也门又称为侵略者们的坟墓。

艾：叙利亚、黎巴嫩、约旦、巴勒斯坦又称为肥沃的新月地区，也叫沙姆地区。

穆：利比亚、突尼斯、阿尔及利亚、摩洛哥、毛里塔尼亚又称为马格里布地区。

艾：伊拉克又称两河地区。

الدرس السادس

في البنك وجولة في القاهرة

أ — أمين
مـ — محمّد

أ: صباح الخير!
مـ: صباح النور!
أ: كيف كان نومك أمس؟ (وكيف نمت الليلة البارحة؟)

مـ: بخير، شكرا، الخدمات ممتازة جدّا والغرفة مريحة بكلّ معنى الكلمة.

أ: ما الأماكن التي سنزورها اليوم؟

مـ: لا أعرف؟ أنا ضيفك، أنا تحت تصرّفك.

أ: هل نتجوّل في القاهرة؟

مـ: بكلّ سرور. سمعت أنّها مدينة غنيّة بالآثار، أريد أن أذهب إلى الأهرامات لأرى أبا الهول.

أ: القاهرة مدينة سياحيّة وبها أماكن كثيرة تستحقّ الزيارة.

مـ: قبل كلّ شيء، أريد تغيير النقود؛ لأنّه ليس معي عملة مصريّة.

أ: حسنا، نذهب إلى البنك أولا، ثمّ نزور الأماكن المشهورة بعد ذلك.

مـ: متى يفتح البنك المصريّ أبوابه؟

أ: يبدأ العمل في البنك في الساعة الثامنة والنصف صباحا.

مـ: وكيف نقوم بتحويل العملة؟

أ: في البنك شبابيك كثيرة للاستعلامات وللشيكات وللعملات الأجنبيّة وشبّاك لحساب الإيداع وآخر لحساب التوفير، نحن سنذهب إلى شبّاك للعملات الأجنبيّة، انظر، يجلس الصرّاف خلف الشبّاك، نقف نحن أمام الشبّاك، لأنّنا عملاء.

مـ: لماذا نذهب إلى شبّاك العملات الأجنبيّة، ونحن عرب؟

أ: نعم، نحن عرب، ولكن في العالم العربيّ يتعامل الناس بعملات

مختلفة مثل: الجنيه والدينار والريال أو الليرة والدرهم.

مـ: نعم، أريد أن أحوّل من الليرة إلى الجنيه بسعر التحويل الرسميّ. وأريد أيضا أن أصرف شيكات إذا أمكن.

أ: هل عندك حساب في البنك؟

مـ: لا، لا يوجد.

أ: لا بدّ أن تفتح حسابا جاريا أولا.

مـ: هل هذا صعب؟

أ: لا، سهل جدّا. أولا تُسْأَلُ عن إجمالي المبلغ الذّي عندك، ثمّ تقدّم توقيعك وقد يُطْلَبُ منك إبراز جواز السفر أو البطاقة الشخصيّة لإثبات هويتك وتستلم دفتر الشيكات.

مـ: هذا جميل. كم الساعة الآن؟

أ: الساعة الحادية عشرة. لنسرع لأن البنك يغلق أبوابه في الساعة الثانية عشرة ونصف.

مـ: هيّا بنا.

بعد صرف الشيكات

أ: أين نذهب الآن؟

مـ: إلى الأهرام، أريد أن أزور الأهرام.

أ: كيف نذهب إلى هناك؟ نستقل الحافلة أم سيارة الأجرة؟

م: هل يمكننا أن نستأجر سيّارة لمدّة يوم واحد؟

أ: يمكن ذلك، هل عندك رخصة قيادة؟

م: نعم، عندي رخصة دوليّة من سوريّة.

أ: هذا جميل، نذهب إلى مكتب استئجار السيّارات وندفع ثلاثين جنيها لمدّة يوم واحد ونقود السيّارة إلى الأهرامات، هذا أسرع وأبسط.

م: هيّا.

أ: هذه سيّارة مرسيدس بنز جميلة وجديدة أنا أحبّها. فلنستأجرها، اركب يا أستاذ محمّد. ها قد وصلنا إلى الأهرامات، كم هي عريقة ورائعة، أستطيع أن أشمّ رائحة التاريخ.

م: هل زرت القاهرة من قبل يا أستاذ أمين؟

أ: نعم، ولكن هذه أوّل مرّة أزور فيها الأهرامات. انظر هذا الهرم الأكبر. من بنى هذا الهرم؟

م: ملك من ملوك مصر، اسمه خوفو.

أ: متى؟

م: قبل أربعة آلاف سنة تقريبا.

أ: وما اسم ذلك الهرم؟

م: اسمه هرم الملك خفرع، هو ابن خوفو، وأمام هذا الهرم أبو الهول.

أ: هو تمثال عجيب، رأسه رأس إنسان وجسمه جسم أسد.

مـ: وما اسم ذلك الهرم هناك والّذي بجانبه ثلاثة أهرامات صغيرة؟

أ: اسمه هرم الملك منقرع.

مـ: انظر هناك جمل، أريد أن أركبه.

أ: هل تعرف ما الفرق بين الجمل العربيّ والجمل الآسيويّ؟

مـ: لا.

أ: الجمل العربيّ له سنام واحد أمّا الجمل الآسيويّ فله سنامان.

مـ: نعم، تذكرت.

أ: الحمد لله، زرت الأهرامات وركبت الجمل، أين نذهب، هل نذهب إلى المتحف المصريّ؟

مـ: نعم، أعتقد أنّه أحسن متحف في الدول العربيّة وربّما في العالم، بداخله الكثير من التماثيل الفرعونيّة ويمكنك أن ترى فيه المومياوات. وقبل أن نزور المتحف، ما رأيك في أن نذهب إلى حديقة الحيوانات وهي أكبر حديقة حيوان في إفريقيا.

أ: نعم، فكرة رائعة، حديقة الحيوان فيها حيوانات كثيرة مثل الأسد والفيل والقرود والطيور المتنوّعة.

مـ: هذه أوّل مرّة أرى بأم عيني حيوانات كثيرة اليوم، يبدو أنّني قرأت موسوعة الحيوانات. لقد أنقضى النهار بسرعة وأنجزنا الكثير. وبصراحة أشعر بالتعب والجوع معا.

أ: نعم، لنذهب إلى المتحف المصريّ صباح الغد.

م: سبقتني إلى هذا الاقتراح، نسهر هذا المساء في المسرح.

وفي صباح اليوم التالي في المتحف المصريّ.

م: يا سلام، ما شاء الله، ما أكبر المتحف! لقد استوعب التاريخ المصريّ القديم كله.

أ: نعم، المتاحف مرآة لتاريخ الأمم وهي كتاب حيّ يستفيد كثيرا من يزورها. أظنّ أنّك تعبت اليوم لأنّك قد زرت أجنحة المتحف كلّها.

م: نعم، بالرغم من تعب جسمي فإنني سعيد لزيادة معلوماتي. كما أنني استفدت من الزيارات التي قمت بها.

أ: لا تستعجل، مصر كتاب تاريخ، ستستفيد فيما بعد أكثر من ما كنت تتوقّع.

م: إن شاء الله.

أ: نعم، أنا مسرور جدّا اليوم. غدا أريد أن أستمرّ في برنامجي السياحيّ وأهمّ شيء أن أركب قاربا وأجدّف على سطح ماء النيل، على شرط أن أكون وحيدا، وأسبح بخيالي لأصل إلى أعماق إفريقيا وغاباتها الساحرة.

م: إن شاء الله.

المفردات الجديدة

اَلْبَارِحَةُ	昨天
بِكُلِّ مَعْنَى الْكَلِمَة	完全意义上的
تَصَرَّفَ يَتَصَرَّفُ تَصَرُّفًا	行为，安排
تَجَوَّلَ يَتَجَوَّلُ تَجَوُّلاً	逛，游览
جَوْلَةٌ	游览
غَنِيٌّ بـ	富有
مَدِينَةٌ سِيَاحِيَّةٌ	旅游城市
اِسْتَحَقَّ الشيءَ	值得
حَوَّلَ يُحَوِّلُ تَحْوِيلاً النُّقُودَ	换，兑换
عُمْلَةٌ جـ عُمُلاتٌ	币，钱币
اِسْتَعْلَمَ يَسْتَعْلِمُ اِسْتِعْلامًا	咨询，问讯
حِسَابٌ	账，账户
إيدَاعٌ	存款
تَوْفِيرٌ	节约，存款
صَرَّافٌ	营业员
عَمِيلٌ جـ عُمَلاءُ	顾客
جُنَيْهٌ جـ جُنَيْهات	镑

83 الدرس السادس في البنك وجولة في القاهرة
第六课　在银行与在开罗旅行

دِينَار	第纳尔
رِيَال	里亚尔
لِيرَة	里拉
دِرْهَم	迪尔汗
سِعْرُ التَّحْوِيلِ الرَّسْمِيّ	兑换官价
حِسَابٌ جَارٍ	活期账户
إِجْمَالُ الْمَبْلَغِ الجَارِي	全部活期存款数
وَقَّعَ يُوَقِّعُ تَوْقِيعًا	签字（动词）
تَوْقِيعٌ ج تَوْقِيعَات	签字（名词）
أَبْرَزَ يُبْرِزُ إِبْرَازًا	使出现，出示
جَوَازٌ ج جَوَازَات	公民证，登记证
جَوَازُ السَّفَرِ	护照
بِطَاقَةٌ شَخْصِيَّةٌ ج بِطَاقَاتٌ شَخْصِيَّةٌ	身份证；名片
أَثْبَتَ يُثْبِتُ إِثْبَاتًا الْهُوِيَّةِ	确信身份
اِسْتَلَمَ يَسْتَلِمُ اِسْتِلَامًا	接受
دَفْتَرُ الشِّيكَات	支票本
اِسْتَأْجَرَ يَسْتَأْجِرُ اِسْتِئْجَارًا	租，租借
مُدَّةٌ ج مُدَدٌ	期限
رُخْصَةُ قِيَادَةٍ	驾驶执照

رُخْصَةُ قِيَادَةٍ دَوْلِيَّةٌ	国际驾驶执照
مَرْسِيدِس بنز	梅赛德斯—奔驰（汽车的品牌）
شَمَّ يَشُمُّ شَمًّا	闻
رائِحَةٌ جـ رَوَائحُ	气味，气息
خُوفُو	胡夫
خَفْرَع	哈夫拉
مُنْقَرْع	蒙卡拉
سَنَامٌ جـ أَسْنِمَةٌ	驼峰
مَتْحَفٌ جـ مَتَاحِفُ	博物馆
أَسَدٌ جـ أُسُودٌ	狮子
فِيلٌ جـ أَفْيَالٌ وفِيَلَةٌ	大象
قِرْدٌ جـ قُرُودٌ	猴子
طَائِرٌ جـ طُيُورٌ	鸟
اَلطُّيُورُ الْمُتَنَوِّعَةُ	许多种类的鸟
أَرَى بِأُمِّ عَيْنِي	我亲眼看见
مَوْسُوعَةُ الْحَيَوَانَات	动物百科全书
اِنْقَضَى النَّهَارُ	度过白天
أَنْجَزَ يُنْجِزُ إِنْجَازًا	取得成就；完成
اِسْتَوْعَبَ يَسْتَوْعِبُ اِسْتِيعَابًا	包容

第六课　在银行与在开罗旅行

مِرْآةٌ جـ مَرَايَا	镜子
جَنَاحٌ جـ أَجْنِحَةٌ	翅膀；展厅
مَعْلُومَةٌ جـ مَعْلُومَاتٌ	消息，信息，知识
اِسْتَعْجَلَ يَسْتَعْجِلُ اِسْتِعْجَالاً	着急
كِتَابٌ مَدْرَسِيٌّ	教科书
رَكِبَ قَارِبًا	坐船
جَدَّفَ يُجَدِّفُ تَجْدِيفًا	划船
على سَطْحِ مَاءِ النِّيلِ	在尼罗河面上

附：相关译文

第六课　在银行与在开罗旅行

- 艾——艾明
- 穆——穆罕默德

艾：早上好！

穆：早上好！

艾：睡得怎么样？昨天晚上睡得好吗？

穆：很好，谢谢，服务得特别好，房间也非常舒服。

艾：今天我们去什么地方？

穆：我不知道，我是客人，我听你的。

艾：我们今天逛逛开罗怎么样？

穆：太好了，我听说这是一个有很多古迹的城市，我想去金字塔看狮身人面像。

艾：开罗是一个旅游城市，有许多值得看的地方。

穆：首先，我要换点钱，我身上没有埃及钱。

艾：好吧，我们先去银行，然后再去著名的地方。

الدرس السادس في البنك وجولة في القاهرة

穆：银行什么时候开门？

艾：银行一般是早上八点半开门。

穆：怎么换钱呢？

艾：银行有许多的窗口，有咨询窗口、支票窗口、外币窗口、开户窗口、储蓄窗口，我们就去外币兑换窗口，你看许多业务员都坐在窗口的后面，我们站在窗前，因为我们是顾客。

穆：为什么我们站在兑换外币的窗口前呢？我们可是阿拉伯人呀。

艾：是的，我们是阿拉伯人，但是阿拉伯世界的人们使用的钱币也是不同的，有埃镑、第纳尔、里亚尔、里拉、迪尔汗。

穆：是的，我想把里拉按官价换成埃镑。如果可能，我还想换成支票。

艾：你在银行有账户吗？

穆：不，没有。

艾：你得先开一个活期账户。

穆：这很难吗？

艾：不，很容易，首先要问你活期存入多少，然后你要提供签字，可能还要提供你的护照或身份证来证明你的身份，然后就可得到支票本。

穆：太好了，现在几点了？

艾：11 点了，让我们快一点吧，银行 12 点半关门。

穆：走吧。

换完支票后

艾：我们现在去哪儿？

穆：去金字塔，我想看金字塔。

艾：我们怎么去？乘公交车还是出租车？

穆：我们能租一辆使用一天的汽车吗？

艾：能，你有驾驶执照吗？

穆：是的，我有叙利亚发的国际驾照。

艾：太好了，我们去汽车租赁行，花 30 镑租一天的汽车，我们开着车去金字塔，这样又快又简单。

穆：走吧。

艾：这辆梅赛德斯—奔驰汽车又新又漂亮，我很喜欢，我们就租它了，穆罕默德先生上车吧。啊，我们到金字塔了，

الدرس السادس في البنك وجولة في القاهرة

真古老,真神奇。噢,我已经闻到了历史的气息。

穆:艾明先生,以前你来过开罗吗?

艾:是的,但是这是我第一次参观金字塔,你看,这儿是最大的金字塔。谁建造的这个金字塔呢?

穆:是埃及的一个国王,他叫胡夫。

艾:什么时候的?

穆:大约四千年前。

艾:那个金字塔叫什么?

穆:它叫哈夫拉国王金字塔,哈夫拉是胡夫的儿子。这个金字塔的前面有狮身人面像。

艾:这是个神奇的雕像,头是人的头,身体是狮子的身体。

穆:那个旁边有三个小金字塔的叫什么名字?

艾:它叫蒙卡拉国王金字塔。

穆:你看,那儿有骆驼,我想骑骆驼。

艾:你知道阿拉伯骆驼与亚洲骆驼之间的区别吗?

穆:不知道。

艾:阿拉伯骆驼只有一个驼峰,而亚洲骆驼有两个驼峰。

穆:是的,我想起来了。

艾:太好了,我已经参观了金字塔,还骑了骆驼,我们现在去什么地方，我们去埃及国家博物馆吗？

穆：是的，我觉得它是阿拉伯国家，甚至在世界上都是最好的博物馆，里面有许多法老时期的雕像，你还能看到木乃伊。去博物馆之前，我们先去动物园，那可是非洲最大的动物园。

艾：是的，好主意，里面有许多动物，如狮子、大象、猴子和许多种类的鸟。

穆：今天是我第一次亲眼看见这么多的动物，我好像看了一本动物百科全书。今天过得真快，我们的收获很多。说句实话吧，我们现在都感觉饿了。

艾：好吧，那我们明天早上再去埃及国家博物馆吧。

穆：你抢先给我提了这个建议，我们今天晚上去看戏吧。

第二天早上在埃及国家博物馆。

穆：啊！天呀，这个博物馆真大，反映了整个埃及的历史。

艾：是的，博物馆就是民族历史的一面镜子，也是一本活的教科书，每一个参观者都可从中获益。我觉得你今天很累，因为我们把博物馆的所有展馆都看过了。

穆：是的，虽然我的身体是有些累，但是我的心情却很高兴，因为我从中增长了许多知识。

艾：别着急，埃及就是一本教科书，你以后还会获得超出你想象的东西。

穆：但愿如此。

艾：是的，我今天特别高兴，明天我还要继续我的旅游计划，最主要的是划船，我一个人划船荡漾在尼罗河上，让我的想象徜徉在非洲神奇的历史与森林中。

穆：希望如此。

الدرس السابع

زيارة الطبيب

❀ أ — أمين
❀ ع — عبيد
❀ ز — زوجة عبيد

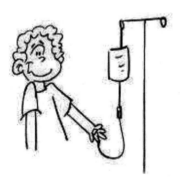

أ: السلام عليكم!
ز: وعليكم السلام!
أ: هل الأستاذ عبيد موجود؟

الدرس السابع زيارة الطبيب

ز: نعم، من المتكلّم؟

أ: أنا أمين، من جامعة بكين، أريد أن أكلّم الأستاذ عبيد.

ز: لحظة. يا عبيد، أمين من جامعة بكين يريد أن يكلّمك.

عـ: آلو، السلام عليكم يا أستاذ أمين.

أ: وعليكم السلام أستاذ عبيد.

عـ: أين أنت؟

أ: أنا ذاهب إلى المستشفى.

عـ: ذاهب إلى المستشفى؟! لماذا؟ هل أنت مريض؟

أ: لا، لست مريضا، ولكن لي صديق اسمه حسن، شعر بصداع شديد صباح اليوم. ونحن في طريقنا به إلى المستشفى، اطمئن، نحن في سيّارة الإسعاف ولا أعرف كيف أصف للدكتور أعراض مرضه، هل يمكنك أن تأتي إلى المستشفى للمساعدة؟

عـ: ممكن، أتحرّك حالا. ولكن في أيّ مستشفى؟

أ: سنذهب إلى مستشفى المقاولين قرب مدينة نصر، تجدنا في قسم الطوارئ.

عـ: حسنا، انتظرني قليلا.

✦ أ — أمين
✦ عـ — عبيد

۞ ح ــ حسن

بعد خمس دقائق وصل الأستاذ عبيد إلى المستشفى.

ع: كيف حال حسن الآن؟

أ: الحمد لله، تحسّن، فحصه الدكتور كمال وأعطاه حقنة.

ع: ماذا بك يا حسن؟

ح: صباح اليوم، فجأة شعرت بصداع وألم في بطني.

ع: هل عندك إسهال؟

ح: نعم، إسهال شديد، ذهبت إلى الحمّام ثلاث مرّات خلال نصف ساعة.

ع: هل قمت بالتحليل؟

ح: نعم.

ع: ماذا قال الدكتور؟

ح: قال إنّني مصاب بالتهاب خفيف.

ع: هل أكلت شيئا غير صحّيّ (ملوّثا) أمس؟

ح: لا، ما أكلت شيئا سوى آيس كريم.

ع: هل اشتريت الآيس كريم من سوبرماركت؟

ح: اشتريته من محلّ صغير بجانب الطريق بالقرب من المدرسة.

ع: من الأحسن أن تشتري مثل هذه المأكولات والمشروبات من محلّ كبير.

ح: نعم، قال لي الدكتور نفس الكلام.
ع: لا تقلق، سأسأل الدكتور كمال عن حالتك وما عليك فعله فيما بعد.

✵ ع — عبيد
✵ ح — حسن
✵ ك — كمال

ع: يا دكتور كمال، كيف حال حسن الآن؟
ك: هو بخير ولا بأس عليه، مصاب بالتهاب بسيط وأصابته حمّى خفيفة، درجة حرارته كانت مرتفعة قليلا، تقريبا ٣٨ درجة مئويّة، فأعطيته حقنة لخفض الحمّى وإزالتها، ووصفت له بعض الأدوية، أظنّ أنّه سيشفى بعد يومين. خذ هذه الروشتة.
ع: من أين نشتري هذه الأدوية؟
ك: من الصيدليّة، وهي بجانب شارع عبد الحميد.
ع: ماذا نفعل إذا لم يشف مساء اليوم واستمرّت درجة حرارته عالية؟
ك: تعاليا إلى عيادتي في بيتي، زوجتي موجودة في العيادة وهي ممرّضة تساعدني في عيادتي طول اليوم.
ع: هل أنت مشغول كلّ يوم؟

ك: نعم، أنا مشغول جدّا. في النهار أذهب إلى المستشفى، وفي المساء والليل أعالج المرضى في عيادتي، جرس التليفون في البيت يدقّ طول النهار وأحيانا طول الليل لأن المرضى يطلبون منّي أن اذهب إلى بيوتهم. يا حسن، ستشفى بعد أيّام، خلال هذه الأيّام، نظِّمْ أكلك ونومك، لا تأكل كثيرا ولا تشرب كثيرا، اذهب إلى الفراش مبكرا ونَم جيّدا وتَنَاوَلْ الأدوية حسب وقتها، ومؤكد لا تدرس كثيرا؛ لأن الراحة أحسن دواء للمرض.

ح: سأسمع كلامك وأفعل ما نصحتني به.

ك: وأيضا، لا تتناول إلّا السوائل.

أ — أمين

ك — كمال

أ: يا دكتور، اسمي أمين، أشعر بصداع هذه الأيّام أيضا، هل يمكنك أن تعالج مرضي وتصف لي دواء؟

ك: ماذا بك؟ ممّ تشكو؟

أ: أحيانا، أشعر بصداع وفتور.

ك: هل عندك حمّى؟

أ: لا أعرف.

ك: ضع هذا الترمومتر في فمك لمدّة خمس دقائق. نعم الحمد لله ليس

الدرس السابع زيارة الطبيب

عندك حمّى. هل درست كثيرا؟
أ: لا، ليس كثيرا.
ك: كم ساعة تدرس كلّ يوم؟
أ: عشرين ساعة تقريبا.
ك: لماذا يا أمين؟ هذا كثير.
أ: لأن عندي محاضرات كثيرة كلّ يوم من الصباح حتّى الليل.
ك: ماذا تدرس؟ هل تدرس اللغة العربيّة طول اليوم؟
أ: لا، بالإضافة إلى اللغة العربيّة، أدرس الاقتصاد لأنّي أريد أن أحصل على شهادتين بعد التخرج في الجامعة.
ك: هل هذا ممكن؟
أ: طبعا، معظم الطلّاب في فصلنا يدرسون الاقتصاد أو التجارة أيضا.
ك: أرجو منكم أن تعرفوا متى تستريحون.
أ: شكرا يا دكتور، كلّنا نعرف الراحة ولكن بعد الامتحان.

🟎 عـ — عبيد
🟎 خـ — خادم

في الصيدلية

يذهب الأستاذ عبيد مع الطلّاب إلى الأجزخانة لشراء

الأدوية.

عـ: السلام عليكم!

خـ: وعليكم السلام!

عـ: هل عندكم هذه الأدويّة؟

خـ: نعم.

عـ: هل هذه الأدوية جاهزة؟

خـ: بعضها جاهز، وبعضها تركيب.

عـ: وكيف نتناولها؟

خـ: ملعقة من هذا الدواء كلّ أربع ساعات، ومن هذا قرص عند اللزوم.

عـ: لمدّة كم يوم؟

خـ: لمدّة ثلاثة أيّام.

عـ: يبدو أن العلاج عمل بسيط جدّا، أستطيع أن أعالجك إذا مرضت في المستقبل.

خـ: لا، أنا خائف من الطبيب البيطريّ، ربّما تستطيع أن تعالج الحيوانات.

عـ: أنا أستطيع أنا أعالجك، لأنّني دكتور أيضا.

خـ: متى درست الطبّ؟

عـ: لم أدرس الطبّ.

خـ: كيف أصبحت دكتورا؟

عـ: أنا دكتور في اللغة العربيّة.

المفردات الجديدة

مَوْجُودٌ	在，存在
المُتَكَلِّمُ	说话的人，第一人称
صُدَاعٌ	头痛
اِطْمَأَنَّ يَطْمَئِنُّ طُمَأْنِينَةً أو اِطْمِئْنَانًا	放心，安心
أَسْعَفَ يُسْعِفُ إِسْعَافاً	急救
سَيَّارَةُ إِسْعَافٍ	急救车
أعراضُ المرضِ جـ أعراضُ الأمراضِ	病症
مُقاوِلٌ جـ مُقاوِلون	承包商
قِسْمُ الطوَارِئ	急诊
فَحَصَ يَفْحَصُ فَحْصًا	检查
حُقْنَةٌ	针剂
أَعْطَاه حُقْنَةً	给他打一针
فَجْأَةً	突然
بَطْنٌ جـ بُطُونٌ	肚子

إِسْهَالٌ	腹泻，拉肚子
اَلتَّحْلِيلُ	化验，检查
اِلْتِهَابٌ	发炎
نَقِيٌّ م نَقِيَّةٌ	干净
مُلَوَّثٌ م مُلَوَّثَةٌ	被污染的
آيْسْ كِرِيم	冰淇淋
سُوبَرْمَارْكَت	超市
دَرَجَةُ الْحَرَارَةِ	（体）温
مُرْتَفِعٌ م مُرْتَفِعَةٌ	高
دَرَجَةٌ مِئَوِيَّةٌ	摄氏度
خَفَضَ يَخْفِضُ خَفْضًا الْحُمَّى	退烧
وَصَفَ يَصِفُ وَصْفَةً لَهُ دَوَاءً	开药
دَوَاءٌ جـ أَدْوِيَةٌ	药
شُفِيَ يُشْفَى شِفَاء	痊愈
الرُوستة	处方
الصَّيْدَلِيَةُ أَو الأَجْزِخَانَةُ	药房
عِيَادَةٌ	诊所
طُولُ الْيَوْمِ	整个白天
عَالَجَ يُعَالِجُ عِلَاجًا	治病，治疗

الدرس السابع زيارة الطبيب

第七课 看医生

电话铃	جَرَسُ التِّلِفُون
电话铃响	دُقَّ الجَرَسُ يُدَقُّ
安排，整理	نَظَّمَ يُنَظِّمُ تَنْظِيماً
根据时间	حَسَبَ الْوَقْتِ
嘱咐	نَصَحَ يَنْصَحُ نُصْحاً
四肢无力	فُتُورٌ
温度计，体温表	اَلتِّرْمُومِتْرُ
成药	دَوَاءٌ جَاهِزٌ
配药	دَوَاءُ تَرْكِيبٍ
勺	مِلْعَقَةٌ ج مَلَاعِقُ
片，药片	قُرْصٌ ج أَقْرَاصٌ
需要时	اَللُّزُومُ
兽医的	بَيْطَرِيّ
医生；博士	دُكْتُورٌ ج دَكَاتِرَةٌ

附：相关译文

第七课　看医生

- 艾——艾明
- 奥——奥贝德
- 妻——奥贝德妻子

艾：你好！

妻：你好！

艾：奥贝德先生在吗？

妻：在，请问您是哪位？

艾：我是北京大学的艾明，我想和奥贝德先生说话。

妻：请等一下。喂，奥贝德，北京大学的艾明先生要和你说话。

奥：喂，你好，艾明先生。

艾：你好，奥贝德先生。

奥：你在哪儿呢？

艾：我去医院。

第七课 看医生

الدرس السابع زيارة الطبيب

奥：在医院？为什么？你生病了吗？

艾：不，不是我生病了，我有一个朋友叫哈桑，今天早上感到头痛得很厉害，我正在送他去医院的路上，放心吧，我们在救护车上，我们不知道如何向大夫说明他的病情，你能来医院帮个忙吗？

奥：行，我马上就出发，你们在哪个医院？

艾：我们去靠近纳赛尔城的承包商医院，我们在急诊室见。

奥：好吧，你等我一会儿。

◎ 艾——艾明

◎ 奥——奥贝德

◎ 哈——哈桑

五分钟以后，奥贝德先生就到了医院。

奥：哈桑先生的病现在怎么样？

艾：多谢关心，好多了，卡玛勒大夫给他做了检查，还给他打了一针。

奥：你怎么了，哈桑？

哈：今天早上，我突然感到头痛，而且肚子也痛。

奥：你拉肚子了吗？

哈：是的，拉得很厉害，半小时去了三次厕所。

奥：你做化验了吗？

哈：是的。

奥：大夫说什么？

哈：大夫说我有点轻微的炎症。

奥：你昨天是不是吃了不卫生的东西？

哈：没有，我只是吃了一些冰淇淋。

奥：你是在超市买的冰淇淋吗？

哈：我在学校附近的路边小摊上买的。

奥：你最好去大商店购买这些食品和饮料。

哈：是的，大夫也是这么说的。

奥：不用担心，我去向卡玛勒大夫问问你的情况，你以后该怎么办？

✿ 奥——奥贝德

✿ 哈——哈桑

✿ 卡——卡玛勒

奥：卡玛勒大夫，哈桑的病情现在怎么样？

卡：他很好，没有什么问题，只是有点炎症，还有点发烧，体温有点高,大概38度,我给他打了一针退烧消炎的药,给他开了一些药,我想他大概两天左右就没事了,这是药方。

奥:我们在什么地方买药?

卡:去药房,就在阿卜杜·哈米德大街的旁边。

奥:如果今天晚上他还不好,高烧不退怎么办?

卡:就到我家的诊所来,我太太也在诊所里,她是护士,每天在我的诊所里帮忙。

奥:您每天都很忙吗?

卡:是的,我很忙,白天我到医院来,下午和晚上我在我的诊所里给病人看病,我家里的电话整个白天都会响个不停,有的时候晚上还要响,因为病人要我到他们家里出诊。哈桑,你过几天就好了,这几天你应该注意饮食和睡眠,不要吃得喝得太多,早点上床睡个好觉,按时吃药,当然也不要学习太多,因为休息是最好的药。

哈:我一定听你的话,按照你的嘱咐去做。

卡:另外,你只能吃一些流食。

◎ 艾——艾明

◎ 卡——卡玛勒

艾：大夫，我叫艾明，这几天我也头痛，您能也给我看看，开点药吗？

卡：你怎么了，哪儿难受？

艾：有的时候，我感到头痛，四肢无力。

卡：你发烧吗？

艾：不知道。

卡：你把这个体温表放在嘴里五分钟。啊，太好了，你不发烧，你是不是学习的时间太多了？

艾：不，不是很多。

卡：你每天学习几个小时？

艾：二十个小时左右。

卡：为什么，艾明，这太多了。

艾：因为我每天从早到晚都有很多的课。

卡：你学习什么？你一整天都在学习阿拉伯语吗？

艾：不，除了阿拉伯语，我还学经济，因为我想在大学毕业时拿到两个学位。

卡：这样可以吗？

الدرس السابع زيارة الطبيب

第七课 看医生

艾：是的，我们班大多数同学都在学习经济或贸易。

卡：你们知道如何休息。

艾：谢谢大夫，我们原来都知道如何休息，但是一般在考试以后。

奥——奥贝德

服——服务员

在药店

奥贝德先生和同学们一起去药店买药。

奥：你好！

服：你们好！

奥：你这儿有这些药吗？

服：是的，有。

奥：这是成药吗？

服：一些是成药，一些是配制的药。

奥：我们如何服用这些药呢？

服：这种每四个小时一次，每次一勺，这种药需要时服用一片。

奥：服用几天？

服：三天。

奥：看来看病是一件很简单的事，将来如果你生病了，我也能给你看病。

服：别，我害怕兽医，你可能给动物看病还行。

奥：我可以给你看病，因为我也是大夫（博士）。

服：你也学过医？

奥：我没有学过医。

服：那你怎么也是大夫（博士）呢？

奥：我是阿拉伯语的大夫（阿拉伯语博士）。

الدرس الثامن

مشاهدة الأفلام

◉ م — محمّد
◉ ع — عبيد

ع: مساء الخير!

م: مساء الخير!

ع: ماذا تعمل الآن؟

م: أؤدّي الواجبات، وأستمع إلى التسجيل العربي، طلب الأستاذ أمين منا أن نستمع إلى التسجيل ساعة واحدة على الأقلّ كلّ يوم.

ع: هل تفعلون ما قال؟

م: نعم، نسمع كلامه ونصيحته، نستمع إلى التسجيل كل يوم عدّة ساعات.

ع: هل تستمعون إلى اللغة العربيّة لساعات كلّ يوم؟

م: لا، نستمع إلى العربيّة نصف ساعة فقط.

ع: وماذا عن الأوقات الأخرى؟

م: الأوقات الأخرى، نسمتع إلى الموسيقى والأغاني الحديثة، وفي بعض الأحيان نستمع إلى الأغاني العربيّة.

ع: هل عندكم أغانٍ عربيّة؟

م: نعم، عندنا أغانٍ عربية كثيرة، يمكننا أن نسجل من الكمبيوتر بعض الأغاني العربيّة عن طريق الإنترنت، فيها كلّ شيء.

ع: هل تحبّ المطربين القدامى مثل أم كلثوم ووردة وفيروز وعبد الحليم حافظ أم المطربين الجدد؟

م: بالنسبة إليّ، أحبّ الفنانين القدماء مثل أم كلثوم، وهي من أشهر الفنانين المصريين والعرب، ليس الشيوخ وحدهم من يحبّون أغانيها بل الشباب أيضا، الآن في مصر مركز دراسة فنون أم كلثوم، كلّ سنة يقيم هذا المركز مسابقات الغناء لإحياء ذكرى الفنانة أم كلثوم.

ع: أنت تعرف كلّ شيء.

م: عرفت هذا من الإنترنت، كلّ يوم أتصفح معلومات جديدة على الإنترنت.

ع: هل تحبّ مشاهدة الأفلام؟
م: مؤكد، أريد أن أشاهد الأفلام الجديدة.
ع: تحبّ الأفلام العربيّة أم الصينيّة؟
م: أحبّ الأفلام الصينيّة لا العربيّة.
ع: لماذا؟
م: لأن قصص الأفلام الصينيّة تجذبني ومستوى الإخراج عال.
ع: ليس هذا فقط، أعتقد أن هناك سببًا آخر.
م: ماذا؟
ع: لأنّ نجوم الأفلام الصينيّة لامعة وجذابة.
م: ليس هذا فقط بل لأن الاستثمار في إنتاج الأفلام أكثر والموسيقى فيها جميلة أيضا.
ع: هل شاهدت الأفلام العربيّة من قبل؟
م: نعم، شاهدت أفلاما مثل «قاهر الظلام» و«في بيتنا رجل» و«المقهى» و«ضربة شمس».
ع: شاهدت الكثير من الأفلام العربيّة! ما رأيك في هذه الأفلام؟
م: هذه الأفلام ممتازة.

ع: وما رأيك في الأفلام الصينيّة في هذه السنوات؟

م: تحسّنت الأفلام الصينيّة في هذه السنوات، فازت بالجوائز المتعاقبة في المسابقات السينمائيّة العالميّة مثل ((الذرّة الحمراء))، و((الفوانيس الحمراء))، و((البطل)). آه، كدت أنسى، أريد أن أدعوك لمشاهدة فيلم اليوم.

ع: أين؟ متى؟

م: في السينما داخل الجامعة في الساعة السابعة مساء اليوم. هل عندك وقت فراغ؟

ع: نعم، عندي وقت لأن واجباتي اليوم ليست كثيرة، يمكنني أن أرافقك. ما اسم الفيلم؟

م: ((تايتنك))، فيلم أمريكيّ وهو فيلم رومانسي أيضا وقد فاز بجوائز أوسكار قبل سنوات.

ع: هل نذهب الآن؟

م: لا، سنتقابل عند مدخل السينما في الساعة السادسة والنصف مساء اليوم.

ع: إن شاء الله.

✿ بـ — بائع
✿ أ — أمين

قبل موعد بدء الفيلم. ذهب أمين إلى دار السينما لشراء التذاكر. عند شبّاك التذاكر.

بـ: أيّ خدمة؟

أ: نعم، أريد حجز مقعدين لمشاهدة الفيلم مساء اليوم؟

بـ: في الصالة أو في البلكونة؟

أ: في البلكونة إذا أمكن.

بـ: آسف، المقاعد في البلكونة محجوزة.

أ: حسنا، مقعدين في الصالة.

بـ: تريد مقعدا في الأمام أم في الخلف؟

أ: في الخلف أحسن، هل هناك مقعدان متجاوران؟

بـ: نعم، رقم ٢٥ ورقم ٢٧ في الصفّ ٣٠.

أ: شكرا، بكم التذكرة؟

بـ: ٣ جنيهات.

أ: هذا هو المبلغ.

◈ *عـ — عبيد*

◈ *أ — أمين*

جاء صديق أمين في الساعة السادسة والنصف، فتقابلا في مدخل دار السينما.

ع: لندخل السينما.

أ: هيّا بنا.

ع: من هذا الذي بجانب الباب؟

أ: هو عامل السينما، سيرشدنا إلى مقعدنا.

ع: لنسرع، لقد أطفئت الأنوار.

يعرض شريط الأخبار على الشاشة لانتظار المشاهدين. بعده يعرض فيلم كارتوني قصير.

ع: لماذا أضيئت الأنوار؟

أ: لأنه وقت الراحة، ويمكننا أن نخرج ونشرب شيئا إذا أردت.

ع: أريد أن أدخن.

أ: من الأحسن أن تدخّن خارج الصالة؛ لأن التدخين ممنوع داخلها.

بعد مشاهدة الفيلم.

أ: كيف كان هذا الفيلم؟ هل أعجبك؟

ع: نعم، أعجبني خاصّة البطل والبطلة، الحبّ بينهما يعجبني كلّ الإعجاب.

أ: نعم، ما أسعدني لو صادفت بنتا مثل البطلة الجميلة!

ع: سمعت عن هذه القصّة من قبل، ولكن لا أعرف أنّها قصّة حبّ.

أ: هذا فيلم ممتاز؛ لأنّني لم أنم، عادة أنام في السينما بسبب سوء الفيلم.

ع: هذه فكرة جميلة، إذا شعرت بالأرق، أذهب إلى دار السينما للراحة.

المفردات الجديدة

أَدَّى يُؤَدِّي أَدَاءً	做，完成
اِسْتَمَعَ يَسْتَمِعُ اِسْتِمَاعاً إلى	听
على الأَقَلِّ	至少
نَصِيحَةٌ جـ نَصَائِحُ	叮嘱，嘱咐
المُوسِيقَى	音乐
أُغْنِيَّةٌ جـ أَغَانٍ (الأغاني)	歌曲
إِنْتَرْنَت (internet)	互联网
مُطْرِبٌ جـ مُطْرِبُون م مُطْرِبَةٌ جـ مُطْرِبَات	歌手，歌星
أم كُلْثُوم	乌姆·库勒苏姆（埃及著名女歌唱家）
وَرْدَة	瓦尔达（阿尔及利亚著名女歌唱家）
فَيْرُوز	费鲁兹（黎巴嫩著名女歌唱家）
عَبْدُ الحَلِيم حَافِظ	

阿卜杜·哈利姆·哈菲兹（埃及著名男歌唱家）	
对于某人来说	بِالنِّسْبَةِ إلى فلَانٍ
翻阅，浏览	تَصَفَّحَ يَتَصَفَّحُ تَصَفُّحًا
吸引某人	جَذَبَ فلانا يَجْذِبُ جَذْبًا
水平	مُسْتَوًى ج مُسْتَوَيَاتٌ
使出来；导演	أَخْرَجَ يُخْرِجُ إِخْرَاجًا
影星，电影明星	نَجْمُ الْفِيلْم (نُجُومُ الأَفْلَام)
靓丽，光彩照人	لَامِعٌ م لَامِعَةٌ
吸引人的	جَاذِبٌ م جَاذِبَةٌ
投资	اسْتَثْمَرَ يَسْتَثْمِرُ اسْتِثْمَارًا
生产，产生	أَنْتَجَ يُنْتِجُ إِنْتَاجًا
世纪；牛角	قَرْنٌ ج قُرُونٌ
40年代	الأَرْبَعِينِيَّاتُ
50年代	الْخَمْسِينِيَّاتُ
60年代	السِّتِّينِيَّاتُ
70年代	السَّبْعِينِيَّاتُ
80年代	الثَّمَانِينِيَّاتُ
90年代	التِّسْعِينِيَّاتُ
发生巨大变化	شَهِدَ يَشْهَدُ شَهَادَةً تَغَيُّرًا كَبِيرًا

الدرس الثامن مشاهدة الأفلام 117

第八课 看电影

فَازَ يَفُوزُ فَوْزًا بِـ	获得，获胜
جَائِزَةٌ جـ جَوَائِزُ	奖励，奖
مُتَعَاقِبٌ م مُتَعَاقِبَةٌ	连续不断
اَلذُّرَةُ الْحَمْرَاءُ	红高粱
فَانُوسٌ جـ فَوَانِيسُ	灯笼
تَقَابَلَ يَتَقَابَلُ تَقَابُلًا	互相见面
شُبَّاكٌ جـ شَبَابِيكُ	窗口
تَذْكِرَةٌ جـ تَذَاكِرُ	票
مَقْعَدٌ جـ مَقَاعِدُ	凳子，座位
مُتَجَاوِرٌ م مُتَجَاوِرَةٌ	比邻的，靠近的，挨着的
بَلْكُونٌ جـ بَلْكُونَاتٌ	上层；阳台
أُطْفِئَ النُورُ	熄灯
أُضِيءَ النُورُ	开灯
دَخَّنَ يُدَخِّنُ تَدْخِينًا	吸烟
مَمْنُوعٌ	禁止，不允许
أَرِقَ يَأْرَقُ أَرَقًا	失眠

附：相关译文

第八课 看电影

- 穆——穆罕默德
- 奥——奥贝德

奥：晚上好！

穆：晚上好！

奥：你正在干什么呢？

穆：我正在做作业，听阿拉伯语的录音，艾明老师要求我们每天至少要听一小时的阿拉伯语的录音。

奥：你们是按照他说的做的吗？

穆：是的，我们听他的话和他的叮嘱。我们每天听几个小时的录音。

奥：你们每天听几个小时的阿拉伯语吗？

穆：不，我们每天只听半小时的阿拉伯语。

奥：那另外的时间呢？

穆：其他的时间我们听音乐和现代歌曲，有时也听阿拉伯歌

الدرس الثامن مشاهدة الأفلام

曲。

奥：你们有阿拉伯歌曲吗？

穆：是的，我们有很多，我们能通过互联网从电脑下载一些阿拉伯语的歌曲，互联网上什么都有。

奥：你们是喜欢像乌姆·库勒苏姆、瓦尔达、费鲁兹、阿卜杜·哈利姆·哈菲兹这样的老歌手还是喜欢新歌手呢？

穆：从我个人来讲，我喜欢像乌姆·库勒苏姆这样的老艺术家，她是埃及也是阿拉伯最有名的艺术家之一，不只是老年人，青年人也喜欢她的歌。还有一个乌姆·库勒苏姆研究中心，每年都要举办纪念艺术家乌姆·库勒苏姆的唱歌比赛。

奥：你什么都知道。

穆：我是从互联网上知道这些东西的，我每天都在互联网上查阅新的知识。

奥：你喜欢看电影吗？

穆：当然了，我喜欢看新电影。

奥：你喜欢阿拉伯电影还是中国电影？

穆：我喜欢中国电影，不喜欢阿拉伯电影。

奥：为什么？

穆：因为中国电影的故事情节比较吸引我，而且导演的水平也很高。

奥：不只是这些，我觉得还有其他的原因。

穆：什么？

奥：因为中国的影星都很靓丽，吸引人。

穆：不只这些，生产电影的投入很大，音乐也很好听。

奥：你以前看过阿拉伯的电影吗？

穆：是的，我看过一些，如《征服黑暗的人》《我家有个男子汉》《咖啡馆》《夏姆士的反击》。

奥：啊，你看了不少阿拉伯的电影。这些电影怎么样？

穆：这几部电影非常不错。

奥：这几年中国电影怎么样？

穆：这几年中国电影取得了很大发展，在世界电影节中屡屡获奖，如《红高粱》《大红灯笼高高挂》《英雄》。啊，我差点儿忘了，我今天想请你看电影。

奥：在哪儿？什么时候？

穆：今天晚上七点在校内电影院，你有时间吗？

الدرس الثامن مشاهدة الأفلام

奥：是的，有时间，我今天作业不多，我可以陪你，什么电影？

穆：《泰坦尼克号》，美国电影，这也是一部爱情电影，多年前获了几项奥斯卡奖。

奥：我们现在就去吗？

穆：不，我们晚上六点半在电影院门口会面。

奥：好的。

售——售票员

艾——艾明

电影开演以前，艾明去电影院买票。在电影院售票窗口。

售：有什么需要吗？

艾：是的，我要两张今天晚上的电影票。

售：是在大厅还是在上层？

艾：如果有，就买上层的。

售：对不起，上层的票已经没有了。

艾：那就买两张大厅的票。

售：你是想要前排的还是后排的？

艾：后排的好一点，有两个挨着的座位吗？

售：有，30 排 25、27 号。

艾：谢谢。一张多少钱？

售：三镑。

艾：给你钱。

◎ 奥——奥贝德

◎ 艾——艾明

艾明的朋友六点半来了，两个人在电影院入口见了面。

奥：我们进去吧。

艾：走吧。

奥：站在门边的那个人是谁？

艾：他是导引员，他会领我们去座位。

奥：哎，关灯了。

先放一些纪录片等观众入场。然后，又放一个卡通片。

奥：哎，怎么灯又亮了？

艾：休息时间，如果你愿意，我们可以到外面喝点什么。

奥：我想抽烟。

艾：你最好到大厅外面去抽烟，大厅里禁止吸烟。

الدرس الثامن مشاهدة الأفلام

第八课 看电影

看完电影后。

艾：这部电影怎么样？你喜欢吗？

奥：是的，我喜欢，特别是男女主人公的爱情实在太让我感动了。

艾：是的，我要是遇到这样漂亮的女主角该多好啊！

奥：我以前就知道这个电影的故事，但我不知道这还是一个爱情故事。

艾：这个电影非常好，因为我没有睡觉，一般情况下，因为电影太差我都会在电影院睡觉。

奥：这个主意不错，如果我失眠，就到电影院里休息一下。

الدرس التاسع

في مكتب البريد والسوق

أ — أمين
ح — حسن

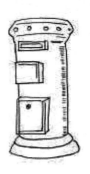

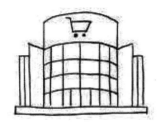

أ: يا حسن، إلى أين أنت ذاهب الآن؟
ح: أهلا يا أستاذ أمين، أنا ذاهب إلى مكتب البريد لأرسل بعض الخطابات إلى أصدقائي.

أ: إلى أيّ مكتب؟

ح: هناك بالقرب من السوق الرئيسية، ألا تعرفه؟

أ: نعم، لم أذهب إلى هناك من قبل، هل نذهب معا؟

ح: هيّا بنا.

أ: هذا المكتب كبير جدّا، فيه شبابيك كثيرة لبيع طوابع البريد وإرسال الخطابات المسجّلة والخطابات العاديّة ولإرسال الطرود والحوالات الماليّة. آه، هناك صندوق أخضر، هل هو صندوق البريد؟

ح: نعم، يضع فيه المرسل خطاباته، ثمّ يأخذها ساعي البريد ويوزّعها لتصل إلى يد المرسل إليه.

أ: نعم، ولا تنس أن تلصق الطوابع على الظرف.

ح: مؤكد لن أنسى.

أ: هل ترسل الخطابات بالقطار أم بالباخرة؟

ح: لا، هذا هو البريد الجوي فترسل الخطابات بالطائرة.

أ: أنت تعرف كلّ شيء عن البريد. يبدو أنك زبون دائم لمكتب البريد.

ح: نعم، كلّ أسبوع، أرسل خطابين على الأقلّ.

أ: إلى من تكتب؟

ح: أبعث الرسائل إلى أهلي، هم الآن يعيشون في قرية صغيرة بعيدة عن جامعتنا، أو إلى أصدقاء كانوا يدرسون معي في المدرسة الثانويّة، هم في جامعات أخرى في الصين، وعندي زميل يدرس في أمريكا، أكتب إليه دائما لأنّه يعيش وحده هناك حزينا، يَحِنُّ إلى مسقط رأسه وأصدقائه، ربّما تخفّف رسائلي عنه آلام الغربة.

أ: أنت صديق مخلص يحبّ الأصدقاء القدامى ويحافظ عليهم.

ح: نعم، عرفت كثيرا من الأصدقاء الجدد، عندما التحقت بالجامعة، ولكن لا أستطيع أن أنسى الذّين رافقوني ستّ سنوات في فترة المرحلة الإعداديّة والثانويّة. يا أستاذ أمين، أ لا تكتب إلى أهلك؟

أ: لا، لأن أهلي كلّهم يعيشون في هذه المدينة، أزورهم دائما، فلا داعي للخطابات.

ح: وأصدقاؤك؟ هل كلّهم هنا أيضا؟

أ: لا، هم في أنحاء البلاد وبعضهم في أستراليا. أكتب إليهم من حين إلى حين، ولكن عن طريق البريد الإلكتروني (E-mail) ، حيث يتسلّمون الرسالة خلال ثوان معدودة.

ح: هذا سهل جدّا، إنّ الإنترنت سهل الاتّصال.

أ: ليس هذا فقط، بل يمكننا أن نجد كلّ ما نريد أن نعرفه. هل

انتهيت من إرسال رسائلك؟

ح: نعم، هيّا بنا.

✦ أ — أمين
✦ ح — حسن
✦ ب — بائعة

ح: هل ترافقني أيضا إلى مجمع الأسواق لأنّي أريد أن أشتري بعض اللوازم والملابس وهدايا للأصدقاء.

أ: بكلّ سرور.

ح: ها قد وصلنا إلى المحلّ.

أ: هذا المحلّ كبير.

ح: نعم، في هذا المحلّ كلّ الأقسام، منها قسم الأدوات المكتبيّة وقسم الملابس النسائيّة وإلخ...

أ: نعم، أريد أن أذهب إلى قسم الملابس النسائيّة، قبل أمس اشتريت فستانا لأختي، أعجبها، ولكنه أصغر من مقاسها، فأريد أن أبدّل به واحدًا آخر. يا آنسة، اشتريتُ فستانا قبل أمس، لكنه أصغر من المقاس المطلوب، أريد أن أبدّله.

ب: متى اشتريته؟

أ: أوّل أمس.

ب: هل اشتريته من محلّنا؟

أ: نعم.

ب: هل عندك فاتورة الشراء؟

أ: نعم، ها هي.

ب: حسنا، هل تريد نفس اللون؟

أ: لا، أختي لا تحبّ اللون الأحمر، هي تفضّل الأزرق، هل عندك هذا اللون من الفستان؟

ب: نعم، عندنا كثير من الألوان والمقاسات. ما رأيك في هذا المقاس وهذا اللون؟ هل يعجبك؟

أ: نعم، أحبّ هذا، وأعتقد أن أختي تحبّه أيضا.

ب: يا سيّد، عندنا فساتين جاءت أمس، وهي من أحدث طراز.

أ: ما خامة القماش؟

ب: من القطن الطبيعي.

أ: كم ثمن القطعة؟

ب: مئة جنيه.

أ: غال شويّة، هل يمكن التخفيض؟

ب: تسعون وهذا آخر كلام.

أ: حسنا، أريد واحدا. وأيضا، أريد رباط عنق وبعض المناديل.

ب: رباط العنق، أيّ ماركة تحبّ؟

أ: أحبّ ماركة "التمساح".
بـ: وكم منديلا تريد؟
أ: عشرة مناديل.
حـ: لماذا يا أمين، هل أنت مصاب بالزكام؟
أ: لا أريدها لنفسي، لي أصدقاء سيأتون إلى هنا، أريد أن أقدّم لهم بعض الهدايا.
حـ: لماذا لا تشتري لهم بعض القمصان؟
أ: لا أعرف مقاساتهم.
بـ: لا بأس يمكنك أن تشتري واحدا لنفسك، إنّ هذا النوع من القماش ممتاز جدّا والتصميم جميل.
أ: حسنا، سأشتري اثنين، واحدا لي والآخر لصديقي فهو يلبس مثل مقاسي.
بـ: أيّ لون يعجبك، عندنا ألوان كثيرة من القمصان.
أ: أحبّ اللون الأزرق الفاتح، هو يحبّ اللون البنيّ الغامق.
بـ: ما مقاسك؟
أ: أربعون.
بـ: لا مشكلة، إذا كان المقاس غير مناسب، يمكنك أن تبدّل به مقاسًا مناسبًا.
أ: شكرا، يا آنسة.

ب: هل تريد شيئا آخر؟

أ: لا، كم الثمن الإجمالي؟

ب: الفستان بتسعين، ربطة العنق بمئة، عشرة مناديل بعشرين، القميصان بخمسين. الإجمالي مئتان وستون.

أ: حسنا، هذه ثلاث مئة.

ب: هذا هو الباقي.

أ: شكرا، مع السلامة.

ح: مع السلامة.

📄 المفردات الجديدة

邮局	مَكْتَبُ الْبَرِيدِ
信函，信件；演讲	خِطَابٌ جـ خِطَابَاتٌ
中心市场	اَلسُّوقُ الرَّئِيسِيَّةُ
邮票	طَابَعٌ جـ طَوَابِعُ
挂号信	اَلْخِطَابَاتُ الْمُسَجَّلَةُ
平信	اَلْخِطَابَاتُ الْعَادِيَّةُ
包裹	طَرْدٌ جـ طُرُودٌ
汇票	اَلْحَوَالَاتُ الْمَالِيَّةُ

131 الدرس التاسع في مكتب البريد والسوق

第九课 邮局与市场

صُنْدُوقٌ جـ صَنَادِيقُ	箱子
وَضَعَ يَضَعُ وَضْعًا	放
مُرْسِلٌ	寄信人
سَاعِي الْبَرِيدِ	邮递员
اَلْمُرْسَلُ إليه	收信人
أَلْصَقَ يُلْصِقُ إِلْصَاقًا بـ	贴，粘
ظَرْفٌ جـ ظُرُوفٌ	信封；条件
بَاخِرَةٌ	轮船
زَبُونٌ جـ زَبَائِنُ	顾客
على الأَقَلِّ	至少
أَمْرِيكا	美国
حَزِينٌ على	难过的
حَنَّ يَحِنُّ حَنِينًا إلى	思念，想念，挂念
مَسْقَطُ الرَّأْسِ	家乡
خَفَّفَ يُخَفِّفُ تَخْفِيفاً عن	减轻，减少
الغُرْبَة	背井离乡
اِلْتَحَقَ يَلْتَحِقُ اِلْتِحاقاً بِـ	加入，上（大学）
رَافَقَ يُرَافِقُ مُرَافَقَةً	陪同
لاَ دَاعِيَ لِـ	不需要，不必要

أُسْتُرَالِيَا	澳大利亚
الْبَرِيدُ الإِلِكْتُرُونِيُّ(إِيمِيل)	电子邮件
ثَانِيَةٌ جـ ثَوَانٍ	秒
هَدِيَّةٌ جـ هَدَايَا	礼物，礼品
مَقَاسٌ جـ مَقَاسَاتٌ	尺寸，号码
بَدَّلَ يُبَدِّلُ تَبْدِيلاً	换，更换
فَاتُورَةٌ	发票
أَحْدَثُ طِرَازٍ	最新款式
قُمَاشٌ جـ أَقْمِشَةٌ	布，布料
شُوَيَّة	一点儿（口语）
خَفَّضَ يُخَفِّضُ تَخْفِيضًا	减少，降低
آخِرُ كَلاَمٍ	最后价格
رَبْطَةُ الْعُنُقِ	领带
مِنْدِيلٌ جـ مَنَادِيلُ	手绢，手帕
مَارِكَةٌ جـ مَارِكَاتٌ	品牌，牌子
تِمْسَاحٌ جـ تَمَاسِيحُ	鳄鱼
صَمَّمَ يُصَمِّمُ تَصْمِيمًا	设计
تَصْمِيمٌ جـ تَصَامِيمُ	样子，款式
حُلْوٌ (جميل)	好，漂亮

اَلْأَزْرَقُ الْفاتِحُ	浅蓝色
الْبُنِّيُّ الْغَامِقُ	深咖啡色

附：相关译文

第九课　邮局与市场

◎ 艾——艾明

◎ 哈——哈桑

艾：哎，哈桑，你去哪儿？

哈：啊，艾明老师，我去邮局给朋友寄几封信。

艾：去哪个邮局？

哈：就去中心市场旁边的那个，你不知道吗？

艾：我知道，可是我没有去过，我们一起去好吗？

哈：走吧。

艾：这个邮局可真大啊，有许多的窗口，有的卖邮票，有的寄挂号信或平信，有的寄包裹，有的办汇款。那儿还有一个绿箱子，那就是邮筒吧？

哈：是的，寄信的人把信放入邮筒，邮递员把信取走，然后再把信送给收信人。

艾：是的，别忘了在信封背面贴邮票。

哈：当然忘不了。

艾：你是想用火车或轮船发平信吗？

哈：不，这是航空信，用飞机寄走。

艾：你好像对邮局很熟悉，看来你是邮局的常客。

哈：是的，我每周至少要寄两封信。

艾：你都给谁写信？

哈：我要给我的亲人写信，他们现在生活在一个遥远的小村庄里；或者给我的朋友写信，他们原来和我在一个高中学习，现在在中国的不同高校学习；我还有一个同学在美国学习，我也经常给他写信，他现在一个人生活在那里，经常想念家乡和亲人，也许我的信能减少一些他离乡的痛苦。

艾：你真是一个热诚的朋友，还这么挂念他们。

哈：是的，我上大学以后还认识了许多新朋友，但是我忘不了与我一起六年的中学同学。艾明老师，你不给你的亲人写信吗？

艾：不，因为我的亲人都住在这个城市，我经常去看他们，用不着写信。

哈：那你的朋友呢？他们也都生活在这里吗？

艾：不，他们在全国各地，有的同学在澳大利亚，我也经常给他们写信，我通过电子邮件给他们发信，几秒钟后他们就收到了。

哈：这太方便了，国际互联网真是太方便了。

艾：还不仅是联络，而且我们还可以找到我们想要找到的所有东西。你寄完信了吗？

哈：是的，我们走吧。

◈ 艾——艾明

◈ 哈——哈桑

◈ 售——售货员

哈：你能陪我去一趟市场吗？我想买一些生活用品、衣服，还给朋友买点礼物。

艾：行啊。

哈：我们到了。

艾：这个商店很大呀。

哈：是的，这个商店有各种东西出售，有文具、女式衣服等等。

艾：是的，我想去女装部看看，前天我给我姐姐买了一件连衣裙，但是有点小，我想换一件。喂，小姐，我前天买了一件连衣裙，但是有点小，我想换一件。

售：你什么时候买的？

艾：前天。

售：你是在我们商店买的吗？

艾：是的。

售：你有购物小票吗？

艾：有，在这儿呢。

售：好的，你还想要同样颜色的吗？

艾：不，我姐姐不喜欢红色的，她喜欢蓝色的，你们这儿有这种颜色的吗？

售：是的，我们这儿的颜色很多，号码也很多。你觉得这件怎么样？喜欢吗？

艾：我喜欢，我想我姐姐也会喜欢的。

售：先生，我们这儿有昨天新来的连衣裙，都是最新的款式。

艾：什么料的？

售：都是全棉的。

艾：多少钱一件？

售：100 埃镑。

艾：有点贵，能便宜一点吗？

售：90 镑，这是最低价。

艾：好吧，我来一件，我还想要领带和几条手绢。

售：领带，什么牌子的？

艾：我喜欢鳄鱼牌的。

售：你想要几条手绢？

艾：10 条。

哈：艾明，你要干什么，你发烧了吗？

艾：我不是给我自己买的，我的几个朋友要到这里来，我想要送他们一些礼物。

哈：那你为什么不买几件衬衫呢？

艾：我不知道他们的号码。

售：没关系，你可以先给你自己买一件，这种布料真的不错，款式也很好。

艾：好吧，我买两件，我自己要一件，我的朋友一件，他穿的衣服和我的号码一样。

售：你喜欢哪种颜色？我们有各种颜色的衬衫。

艾：我喜欢浅蓝色，他喜欢深咖啡色。

售：你要多大号码的？

艾：40 的。

售：没问题，如果号码不合适，你还可以换一件合适的。

艾：谢谢，小姐。

售：还需要别的东西吗？

艾：不，一共多少钱？

售：一件连衣裙 90 镑，领带 100 镑，10 条手绢 20 镑，两件衬衫 50 镑，一共 260 镑。

艾：好的，这是 300 镑。

售：这是找你的钱。

艾：谢谢，再见。

哈：再见。

الدرس العاشر

التسوّق

أ — أمين
مـ — محمّد

مـ: صباح الخير يا أمين.
أ: صباح النور يا محمد، هل عندك ترتيبات اليوم؟
مـ: نعم، أريد أن أذهب للتسوّق.

第十课 购物

أ: التسوق؟ إلى أي مكان تريد أن تذهب؟

مـ: سمعت أن مصر الآن فيها العديد من مراكز التسوّق.

أ: نعم، نطلق عليها في العامية المصرية كلمة "مول"، وجمعها مولات، وهي الترجمة الصوتية للكلمة الإنجليزية "Mall".

مـ: فهمت، وما هي أشهر المولات في مصر؟

أ: هناك مول سيتي ستارز في مدينة نصر ومول العرب ومول فيستيفال سيتي.

مـ: ما هو أقرب مول من هنا؟

أ: مول سيتي ستارز.

مـ: ما رأيك أن نذهب إلى هناك؟ أنا لم أذهب إلى أي مركز تسوق عربي من قبل.

أ: فكرة رائعة، ويمكننا أن نتعلم خلال التسوق بعض كلمات العامية المصرية أيضًا.

مـ: نعم، يبدو أنها ستكون تجربة ممتعة يا صديقي.

أ: نعم، ولكن كيف سنذهب؟

مـ: يمكننا طلب سيارة أجرة عبر الإنترنت؟

أ: نعم، سأطلب السيارة حالًا، فلدي العديد من تطبيقات طلب التاكسي عن طريق الهاتف المحمول.

مـ: حسنًا، لكن ما هي تطبيقات طلب سيارات الأجرة المشهورة في

مصر؟

أ: هناك شركة أوبر وهي شركة عالمية وشركة كريم وهي شركة مصرية محلية، وقد اشترت شركة أوبر مؤخرًا شركة كريم واندمجتا في شركة واحدة.

مـ: فهمت، فلنسرع إذا، فأنا أتضور جوعًا.

أ: حسنًا، لقد طلبت أوبر، وهو في الطريق إلينا، والتوصيلة أيضًا رخيصة.

مـ: لقد لاحظت أنك تستخدم كلمة تاكسي كثيرًا بدل من كلمة سيارة أجرة، هل هي من الكلمات الدارجة في العامية المصرية؟

أ: نعم، وقبل أن تسأل "التوصيلة" في العامية المصرية تعني الرحلة باللغة العربية الفصحى.

مـ: ههههههه، أنت ذكي للغاية خمنت سؤالي الثاني قبل أن أطرحه عليك.

أ: لنسرع، السائق وصل بالفعل وينتظرنا أسفل البيت.

مـ: ماشي، يالا يا محمد عشان نلحق التاكسي.

أ: ممتاز، أنت تتحدث العامية المصرية بطلاقة.

مـ: لا داعي للمبالغة، لقد درست العامية المصرية في قسم اللغة العربية بجامعة بكين. وأعرف أن كلمة "يالا" تعني بسرعة، و"ماشي" تعني حسنًا و"عشان" تعني لأن أو حتى.

أ: يبدو أنني قللت من شأنك، أنت بارع يا صديقي.

مـ: أخجلتم تواضعنا يا محمد، أنا فقط مؤمن بأن المرء عليه أن يحاول أن يتعلم شيئاً واحداً عن كل شيء، وكل شيء عن شيء واحد.

أ: يا إلهي، يبدو أنك فيلسوف أيضًا.

في المول

أ: ماذا تريد أن تأكل يا محمد؟

مـ: هناك محل كشري مشهور في هذا المول، أعتقد أنه سيعجبك.

أ: أنا لم أتناول الكشري من قبل، يمكنني أن أجرب.

مـ: أحب الكشري كثيرًا، وأعتقد أنك ستحبه أيضًا

أ: لقد سمعت عن الكشري كثيرًا، لكن لا أعرف مما يتكون.

مـ: يتكون الكشري من الأرز والمكرونة والعدس، وتوضع عليه "الدقه" و"الشطة".

أ: حسنًا، يمكننا أن نجرب.

العامل: نورتم المحل يا أفندم

أ: شكرًا

العامل: هتأكلوا هنا ولا تيك أوي؟

أ: لا، هنأكل هنا.

مـ: مش قلت لك أنك بتتكلم مصري حلو.

أ: أنا بتكلم مصري على قدي.

أمين للعامل: من فضلك عايز الدقة والشطة لوحدها.

العامل: من عنيا.

وبعد أن تناول أمين ومحمد الطعام، ذهبا للتسوق في المركز التجاري.

أ: أريد أن أشتري جوارب جديدة، فبعد بضع أيام سأحتفل بالسنة الصينية الجديدة التي تناسب سنة الأرنب، وقد ولدت في سنة الأرنب قبل ٣٦ عامًا.

م: يا لها من مصادفة، أنا أيضًا من مواليد عام الأرنب، لكن أنا أصغر منك بـ ١٢ عامًا، لا يبدو عليك السن يا صديقي، تبدو لمن يراك وكأنك في العشرينيّات من العمر.

أ: نعم، في المعتاد لا يصدق الآخرون أنني في الثلاثينيّات من عمري. إنها مصادفة سعيدة بالفعل، إذا سنحتفل معًا، بشراء جوارب حمراء نرتديها يوم العيد.

م: حسنًا، اللون الأحمر مميز في الثقافة الصينية، أراه تقريبا في كل المناسبات الصينية السعيدة.

أ: نعم، مثله مثل اللون الأخضر في الثقافة العربية، كلها ألوان سعادة ورخاء وحيوية.

في المتجر:

البائع: مساء الخير يا أفندم، حضرتك عايز تشتري أيه؟

أ: من فضلك فيه شرابات؟

البائع: أيوه، فيه شرابات، حضرتك عايز أي لون؟

أ: فيه لون أحمر؟

البائع: أحمر؟ أعتقد فيه، أستنى هشوف لحضرتك.

أ: اتفضل

البائع: فيه يا أفندم لون أحمر، وفيه ماركات كثيرة، حضرتك ممكن تنقي اللي يعجبك.

مـ: أنا هشتري برده شرابات حمراء.

البائع: تمام يا أفندم، خدوا راحتكم.

المفردات الجديدة

التَّسَوُّقُ	购物
تَرْتيبٌ جـ تَرْتيباتٌ	安排
مَرْكَزٌ جـ مَراكِزُ	中心
مُول جـ مُولَاتٌ (Mall)	商场
العَامِيَّةُ الْمِصْرِيَّةُ	埃及方言

تَجْرِبَةٌ جـ تَجَارِبُ	经验
سَيَّارَةُ أُجْرَةٍ	出租车
تَطْبِيقٌ جـ تَطْبِيقَاتٌ	应用软件
أَتَضَوَّرُ جُوعًا	特别饿
تَاكْسِي (Taxi)	出租车
التَّوْصِيلَةُ	行程
كَلِمَةٌ دارِجَةٌ	常用词
خَمَّنَ	猜
طَرَحَ	提出
مَاشِي (عَامِيَّةٌ مِصْرِيَّةٌ)	好的
يَالَّا (عَامِيَّةٌ مِصْرِيَّةٌ)	走
عَشَانْ (عَامِيَّةٌ مِصْرِيَّةٌ)	因为，为了
نِلْحَق (العَامِيَّةُ الْمِصْرِيَّةُ)	（我们）赶上
لَا دَاعِيَ لِلْمُبَالَغَةِ	过奖了
قَلَّلَ مِنْ شَأْنٍ	低估能力
أَخْجَلْتُمْ تَواضُعَنَا	（您）过奖了
مُؤْمِنٌ	相信
فَيْلَسُوفٌ جـ فلاسفة	哲学家
مَحَلٌّ كُشَرِي	库莎丽店

147 الدرس العاشر التسوّق
第十课 购物

جَرَّبَ يُجَرِّبُ تجربةً	尝尝，尝试
المَكَرُونَةُ	面条
العَدْسُ	小扁豆
الدَّقّه (عَامِيَّةٌ مِصْرِيَّةٌ)	蒜汁
الشَّطَّة (عَامِيَّةٌ مِصْرِيَّةٌ)	辣椒酱
أَفَنْدِمْ (عَامِيَّةٌ مِصْرِيَّةٌ)	先生（您）
تِيكَ أَوايْ (Take away)	打包带走
عَايِزْ (عَامِيَّةٌ مِصْرِيَّةٌ)	要
لِوَحْدِهَا (عَامِيَّةٌ مِصْرِيَّةٌ)	单独
حَاضِرْ (عَامِيَّةٌ مِصْرِيَّةٌ)	好的
جَوْرَبٌ ج جَوارِبُ	袜子
أَرْنَبٌ	兔子
وُلِدَ يُولَدُ وِلَادَةً	出生
مُصادَفَةٌ	巧合
مَوْلُود ج مَوالِيدُ	出生
لَا يَبْدُو عَلَيْكَ السِّنُّ	看不出来你的年纪
اِرْتَدَى يَرْتَدِي اِرْتِدَاء	穿
مُمَيَّزٌ	特色
مُنَاسَبَةٌ ج مُنَاسَبَاتٌ	场合

您	حَضْرِتَكْ (عَامِيَّةٌ مِصْرِيَّةٌ)
什么	أَيْه (عَامِيَّةٌ مِصْرِيَّةٌ)
有	فِيهْ (عَامِيَّةٌ مِصْرِيَّةٌ)
袜子	شَرَابٌ / شَرَابَاتٌ (عَامِيَّةٌ مِصْرِيَّةٌ)
谢谢	مُتْشَكِّرْ (عَامِيَّةٌ مِصْرِيَّةٌ)
也	كَمَانْ (عَامِيَّةٌ مِصْرِيَّةٌ)
好的	تَمَامْ (عَامِيَّةٌ مِصْرِيَّةٌ)
请自便	خُدُوا رَاحِتْكُمْ (عَامِيَّةٌ مِصْرِيَّةٌ)

附：相关译文

第十课　购物

◎ 艾——艾明

◎ 穆——穆罕默德

穆：早上好！艾明。

艾：早上好！穆罕默德。你今天有什么安排吗？

穆：有，我想去购物。

艾：购物？你想去哪儿购物？

穆：我听说埃及现在有很多商场。

艾：是的，我们埃及方言中会说"مول"，复数是"مولات"，这个是英语词"Mall"的音译。

穆：明白，埃及有哪些比较有名的商场呢？

艾：在纳赛尔城有 City Stars Mall（星城商场），还有阿拉伯商场、节日城商场。

穆：距离这比较近的是哪个商场？

艾： City Stars Mall。

穆：要不我们现在去 City Stars Mall？我从来没去过任何阿拉伯商场。

艾：好主意，我们也可以学习购物相关的埃及方言词语。

穆：好的，我觉得这应该会是很好的学习经历。

艾：是的。我们怎么去？

穆：我们可以在网上约车？

艾：可以，我现在就约车，我手机上有很多网约车软件。

穆：好的。埃及比较有名的网约车软件有哪些？

艾：有一个国际公司优步，还有埃及本地公司卡里姆。优步最近收购了卡里姆，它们现在是一个公司。

穆：明白了。我们快一点，我饿了。

艾：好的，我已经叫上车了。车正在来的路上，收费也比较便宜。

穆：我发现你经常用"TAXI"这个词，而不用出租车。"TAXI"是埃及方言的常用词吗？

艾：是的，我还想先告诉你埃及方言中"التوصيلة"的意思是行程。

穆：哈哈哈哈，你好聪明！我还没问，你就已经告诉我答案了。

艾：我们快一点。司机已经到楼下等我们了。

穆：好的，那我们走吧，快点上车。

艾：你真棒，你的埃及方言已经说得很流利了。

穆：过奖了。我以前在北京大学学习过埃及方言。我知道“يالا”的意思是“快点儿”，“ماشي”的意思是“好”，“عشان”的意思是“为了”或者“因为”。

艾：我似乎低估了你的水平，你太厉害了！

穆：穆罕默德，你过奖了。我只是相信人应该“试着去学一切的一点皮毛，和某些皮毛的一切”。

艾：我的天呐，你真是个哲学家！

在商场

艾：你想吃点什么？

穆：这个商场有家很好的库莎丽店，你应该会喜欢。

艾：我之前没吃过库莎丽，可以尝一尝。

穆：我很喜欢库莎丽。我觉得你也会很喜欢。

艾：库莎丽我听说过很多次了，但一直不知道是怎么做的。

穆：库莎丽一般是用米饭、面条和小扁豆做，也可以加蒜汁和辣椒酱。

艾：好的，我们可以尝尝。

服务员：欢迎光临。

艾：谢谢！

服务员：你们是在这儿吃，还是打包带走？

艾：我们就在这儿吃。

穆：我就说你的埃及方言已经很流利了。

艾：还可以。

艾明对服务员：辣椒酱单独放。

服务员：好的。

艾明和穆罕默德吃完饭，就开始逛商场。

艾：我想买袜子。过几天就要过年了，明年是兔年。我36岁，属兔。

穆：好巧，我也属兔，但我比你小一轮。你完全看不出来已经三十多岁了。别人看到你只会觉得你才二十多岁。

艾：是的，别人一般不相信我三十多岁了。真巧，那我们一起买袜子，一起迎接兔年。

穆：红色是中国文化中十分重要的颜色。人们几乎能在一切

الدرس العاشر التسوّق

喜事中见到红色。

艾：是的，红色就像阿拉伯文化中的绿色一样，是幸福、繁荣和活力的颜色。

在商店

售货员：您好！请问需要什么？

艾：请问这里卖袜子吗？

售货员：有的，你要什么颜色的？

艾：有红色的吗？

售货员：红色？应该有，稍等我去看一下。

艾：好的。

售货员：有红色的，很多品牌都有。您可以挑您喜欢的款式。

穆：我也想买红色袜子。

售货员：好的，您随便看。

الدرس الحادي عشر

النفط

☼ أ — أمين
☼ عـ — عبيد

كان أمين يقوم بزيارة لدول الخليج تلبية لدعوة من وزارات التربيّة والتعليم في هذه الدول، وبعد أن عاد منها، استقبله عبيد في المطار ودار بينهما الحديث التالي:

عـ: مرحبا بك في بلدك الصين، أرجو أن رحلتك إلى دول الخليج

الدرس الحادي عشر النفط

كانت ممتعة.

أ: شكرا على ترحيبك واستقبالك لي وعلى دعوتك لي في بيتك. وقد زرت هذه المرّة دول الخليج الست، وهي سلطنة عمان، والسعوديّة، والإمارات العربيّة المتحدّة، وقطر، والبحرين، والكويت. كانت الزيارة ممتعة وناجحة جدّا. وأكرّر لك شكري على مساعدتكم.

عـ: أنت صديق عزيز تستحقّ أكثر من ذلك. ما رأيك في هذه الدول؟ وما انطباعاتك عن بيئتها؟

أ: كما هو معروف، إن ما يميز البلاد العربيّة الصحراء والجمال وحياة البدو، أو على الأقلّ هذه الفكرة التي في ذهني وربّما في عقول كثير من الناس. كنت أريد أن أركب الجمل خلال الزيارة.

عـ: نعم، إنّ الدول العربيّة، خاصّة دول الخليج تقع في قلب الصحراء وتحيط الصحراء بالمدن.

أ: ولكن تلاشى هذا الانطباع عن ذهني كليا بمجرد خروجي من الطائرة، فأدهشني المطار الفخم المزود بأحدث تقنيات السفر.

عـ: كلامك صحيح، ليس من رأى كمن سمع، لقد تغيّرت دول الخليج كثيرا، وعلى الأخصّ خلال العقود الثلاثة الأخيرة، فقد حدثت طفرة في جميع جوانب الحياة.

أ: كلّنا نعرف أن دول الخليج من أغنى الدول في العالم.

ع: أعتقد لا يمكن أن يحدث ما حدث لولا امتلاكهم للذهب الأسود أي النفط أو البترول.

أ: نعم، كانت الحياة في دول الخليج قاسية لسنوات طويلة، وواجهت الناس مشاكل بيئيّة صعبة، أهمّها قلّة المياه، وندرة العشب. الرمال تغطّي سطح الأرض ولا يدري أحد أن تحتها ثروة حقيقيّة ثمينة.

ع: كان الإنسان في الخليج يمارس حرفة الرعي، ويعتمد في غذائه على ما ينتجه الحيوان، وبعضهم يعمل في صيد الأسماك، وآخرون في استخراج اللؤلؤ، وسبل عيشهم لا تخلو من مخاطر، ولكن سبحان مغيِّر الأحوال.

أ: مثلما في كلّ الدنيا قد أحدثت الثورة الصناعيّة تحوّلات جوهريّة، ولكن النفط هو الدم الذي يُسَيِّرُ التقدّم فهو للآلات كالماء للكائنات الحيّة. تصوّر كيف ستكون الحياة بدون البترول؟

ع: لقد كان فضل البترول عظيما، وما زال يؤدي دورًا مهمّا في حياتنا، فهو وقود للسيّارات، والسفن، والطائرات، ونطهو به طعامنا، ويحرّك الآلات التي تصنع ما نلبس. وجعل الطرق معبّدة تتميّز بسهولة المرور عليها بسرعة وبلا مشقّة، ولهذا قال الإنسان لعهد الدواب وداعا بلا رجعة. هل وجدت في المدن

الصحراء والرمال؟

أ: كلّا، كل ما رأيته هو المباني العالية الكبيرة، إنّ بلاد الخليج شيّدت المطارات، والعمارات الحديثة، وغرست الأشجار، وأسالت المياه، وزرع الفلّاحون الأرض التي كانت بورا، وأصبحت من أكثر بقاع العالم جذبا للعمال ورجال الأعمال، بعد أن كانت طاردة لأهلها لقد ازدهرت الحياة فيها بسبب النفط.

ع: مثلا الكويت، هي من أغنى الدول في العالم، مع أنّها دولة نامية صغيرة ولكن يبلغ دخلها مليون دينار كلّ ساعة.

أ: نعم، ليس في الكويت فقراء ولا عاطلون عن العمل، مع هذا فالناس هناك لا يدفعون أيّ ضرائب، ونجد في الكويت العمارات الفخمة والشوارع الواسعة والمدارس الكبيرة والمستشفيات والسيّارات من أحدث طراز وكلّ هذا التقدّم بسبب النفط.

ع: صدقت، يمكننا أن نضيف أن الأثر الإيجابيّ عمَّ كثيرا من الدول المجاورة، إن العمال الأجانب في دول الخليج يساعدون أسرهم ويدفعون الضرائب لحكوماتهم، وأيضا نشطت حركة السياحة إلى دول جنوب شرقيّ آسيا، لأن دول الخليج تقع في نقطة التقاطع بين آسيا وأفريقيا وأوربا فتجد أسواقها زاخرة بالبضائع

الغربيّة والمنتجات الشرقيّة.

ع: بفضل البترول تغيّر الإنسان مظهرا وجوهرا، فالناس يلبسون الملابس الفاخرة ويعيشون في منازل فخمة ويركبون السيّارات الفارهة والنساء يتزيّن بالمجوهرات الثمينة.

أ: نعم، لقد اشتريت عقدا لزوجتي.

ع: هل هو من الذهب؟

أ: نعم.

ع: للذهب أنواع كثيرة، هل تعرف؟

أ: لا.

ع: منها ذهب عيار ١٨ قيراطًا و ٢١ قيراطًا و ٢٤ قيراطًا.

أ: نعم، ولكن هناك نوعان آخران من الذهب.

ع: ما هما؟

أ: الذهب الأسود هو البترول، والذهب الأبيض، وهو القطن.

ع: غيّر البترول الحياة في العالم وخاصّة في دول الخليج لم ينفق الناس أموالهم من البترول في الأكل والسكن فقط، ولقد تطوّرت حياتهم الفكريّة، فأنشئت الجامعات والمراكز العلميّة، وأنشئت دور الثقافة والمكتبات وبعثت الدول مواطنيها في بعثات علميّة لدول الشرق والغرب.

第十一课 石油

ع: هنا تذكّرت سؤالاً يطرح دائما عند الحديث عن النفط في دول الخليج، هل البترول نعمة أو نقمة؟

أ: يرى البعض أنّه سلاح ذو حدّين، صحيح جلب الخير ولكن هناك وجه آخر للعملة الواحدة.

ع: ماذا تقصد؟

أ: في الحقيقة أنا لم آت بجديد بل هو قول سائد، بأن النفط جاء بمشاكله للمنطقة. فتبدّلت الحياة الاجتماعيّة كثيرا، وصحب ذلك تغيّر في سلوك الناس، سواء بسبب تأثير الأجانب أو القنوات الفضائيّة والأخيرة تشترك فيها كلّ دول العالم، والأهمّ هو الوضع السياسيّ.

ع: هذه حقيقة أزليّة، ويقال كلّ ذي نعمة محسود.

أ: مهما يكن فبلاد الخليج في رأيي جميلة ويمر الوقت فيها سريعا، ولا يعرف الإنسان الشقاء فأيّامي كانت كأنّي في حلم ورديّ جميل.

ع: لقد تحدثنا كثيرا.

المفردات الجديدة

دُوَلُ الْخَلِيجِ	海湾国家
وِزَارَةُ التَّرْبِيَّةِ والتَّعْلِيمِ	教育部
كَرَّرَ يُكَرِّرُ تَكْرِيراً	重复
مَيَّزَ يُمَيِّزُ تَمْيِيزاً	具有特色
حَيَاةُ الْبَدْوِ	贝都因人的游牧生活
أَحَاطَ يُحِيطُ إحَاطَةً شَيْئاً بشَيْءٍ	某物围绕某物
تَلاَشَى يَتَلاَشَى تَلاَشِياً	灭亡，消亡
بِمُجَرَّدِ	仅仅是
أَدْهَشَ يُدْهِشُ إدْهاشاً فُلاَنًا	使某人吃惊
زَوَّدَ يُزَوِّدُ تَزْوِيدًا	供给，供应
مُزَوَّدٌ بـ	被装备
التَّقْنِيَةُ	技术
اَلْمُتَعَلِّقَةُ بـ	与某事有关
عَقْدٌ جـ عُقُودٌ	十年
طَفْرَةٌ جـ طَفَرَاتٌ	跳

لاَ يُمْكِنُ أَنْ يَحْدُثَ مَا حَدَثَ لَوْلاَ كَذَا

如果没有某物，已经发生的事情是不可能发生的

161 الدرس الحادي عشر النفط

قَاسِيَةٌ	艰苦的
قِلَّةُ الْمِيَاهِ	缺水
نُدْرَةُ الْعُشْبِ	少草
اِسْتَقَرَّ يَسْتَقِرُّ اِسْتِقْرَارًا	稳定
اَلْحَيَاةُ الْمَدَنِيَّةُ	定居生活
غَطَّى يُغَطِّي تَغْطِيَةً	覆盖
ثَرْوَةٌ جـ ثَرَوَاتٌ	财富
حِرْفَةُ الرَّعْيِ	游牧业
اِسْتَخْرَجَ يَسْتَخْرِجُ اِسْتِخْرَاجًا	开采
لُؤْلُؤٌ جـ لآلِئُ	珍珠
مَخَاطِرُ	危险
جَوْهَرِيَّةٌ	本质的
كَائِنٌ جـ كَائِنَاتٌ	生物
مُعَبَّدٌ	铺好的；平坦的
تَمَيَّزَ يَتَمَيَّزُ تَمَيُّزًا بـ	具有某种特色
قَالَ لِعَهْدِ الدَّوَابِّ وَدَاعًا بِلاَ رَجْعَة	对畜力时代说再见
شَيَّدَ يُشَيِّدُ تَشْيِيدًا	建造
بُورٌ	荒地
بُقْعَةٌ جـ بِقَاعٌ	地点，场所

طَارِدٌ	驱逐的
اِزْدَهَرَ يَزْدَهِرُ اِزْدِهاراً	繁荣
دَخْلٌ	收入
عَاطِلٌ ج عَاطِلُونَ	失业
ضَرِيبَةٌ ج ضَرَائِبُ	税
الأَثَرُ الإيجابِيّ	积极的因素
عَمَّ يَعُمُّ عُمُومًا	普及，流传
زَاخِرَةٌ	充满
اَلْبَضَائِعُ / اَلْمُنْتَجَاتُ	货物，产品，商品
مَظْهَرٌ وَجَوْهَرٌ	现象与本质
تَزَيَّنَ يَتَزَيَّنُ تَزَيُّناً	装饰，化妆
عِيَارٌ	规格，规范
قِيرَاطٌ	开（表示金质的用语）
مُتَكَبِّرٌ	自负，自大
أَزَلِيَّةٌ	永恒
كَلُّ ذُي نِعْمَةٍ مَحْسُودٌ	所有得到了恩惠的人都被嫉妒
اَلشِّقَاءُ	困难
حُلْمٌ وَرْدِيّ جَمِيلٌ	黄粱美梦

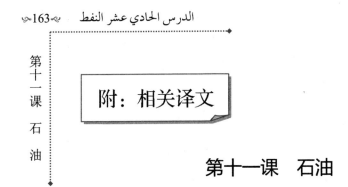

附：相关译文

第十一课 石油

艾——艾明

奥——奥贝德

艾明应海湾国家教育部的邀请对这些国家进行了访问，回国后，奥贝德在机场迎接了他，并与他进行了下述谈话：

奥：非常高兴能在中国迎接您，希望您在海湾国家的访问非常愉快。

艾：谢谢你的欢迎，也谢谢你邀请我去你家访问。这次访问我一共去了六个海湾国家，有阿曼、沙特阿拉伯、阿联酋、卡塔尔、巴林、科威特。访问非常好也很成功。我想再次对你们的帮助表示感谢。

奥：你是我们的朋友，理应如此。你觉得这些国家怎么样，对这些国家的环境感觉如何？

艾：众所周知，阿拉伯国家的主要特色是沙漠、骆驼、贝都因人的游牧生活。至少这种想法一直在我的脑子里。也

منهج الاستماع الأساسيّ للغة العربيّة (الجزء الأول)

许许多人也是这种想法，我当时参观时还想能骑骆驼呢。

奥：是的，阿拉伯国家，特别是海湾国家在沙漠的中心，城市都被沙漠包围着。

艾：但是这种印象在我走出飞机以后，就全不存在了，让我感到吃惊的飞机场，装备着与旅行有关的各种最现代化的设施。

奥：你说得很对，耳听为虚，眼见为实。海湾国家，特别是在最近三十年来，变化很大，在生活的各个层面都有变化。

艾：众所周知，海湾国家是世界上最富裕的国家。

奥：我认为如果不是他们拥有石油，一切发生的事情都是不可能的。

艾：在过去的很多年中，海湾国家的生活都非常艰苦。人们面临着许多生活上的困难，主要是缺水、少草。沙子覆盖着大地，谁也不知道地下有真正珍贵的宝藏。

奥：当时海湾的人靠畜牧业为生，食物来源主要来自动物。一些人靠打鱼为生，另外一些人靠采摘珍珠为生。生活道路充满危险。但现在生活变化很大。

艾：就像在整个世界一样，工业革命使其发生了本质的变化，

الدرس الحادي عشر النفط

第十一课 石油

但是石油就是推动工业革命前进的血液，它对于机器就像水对于生命，你可以想象一下没有石油的生活将怎样？

奥：石油的贡献是很大的，现在仍在我们的生活中起作用，它是汽车、轮船、飞机的燃料，我们用它做饭，带动机器生产我们穿的衣服，让马路平整，行驶起来既快又不费力。因此人们说畜力时代一去不复返了。你在城市发现沙漠和沙子了么？

艾：根本就没有，我所看到的是高楼大厦，海湾国家建造了现代化的机场和大楼，种了树，引来了水，农民们在原来荒芜的土地上种了庄稼，以前迫使亲人离家出走的这里已经变成了对于工人和企业家最具吸引力的地方。因为石油，这里的生活变得兴旺了。

奥：比如科威特，它是世界上最富有的国家之一，尽管它是一个发展中的小国，但它的收入是每小时100万第纳尔。

艾：是的，科威特没有穷人也没有失业的人，也不用交任何的税，我们看到在科威特有豪华的高楼、宽阔的大道、大的学校、最现代化的医院和汽车。所有这些都是因为石油。

奥：你说得很对，我们可以说积极的作用在许多邻国显现出来。在海湾国家工作的外国工人帮助了他们的家庭，也给政府交了税，同时活跃了东南亚的旅游业，因为海湾国家地处亚非欧交汇处，你还可以发现那里的市场到处是西方的产品和东方的货物。

奥：由于有了石油，人们的生活从表面到深层都发生了变化。人们穿上了华丽的衣服，住上了豪华的别墅，开上了豪华的汽车，女人们戴上了珍贵的首饰。

艾：是的，我也给我的太太买了一条项链。

奥：是金的吗？

艾：是的。

奥：金子有许多种类，你知道吗？

艾：不知道。

奥：金子的纯度有18K、21 K 和 24 K。

艾：是的，但是还有另外两种金子。

奥：是什么？

艾：黑金，就是石油；白金，就是棉花。

奥：石油改变了世界上特别是海湾国家人们的生活，人们没有将从石油中挣来的钱仅花在吃住上，而是发展了他们的思想生活，开办了大学和科学中心，建了文化机构、图书馆，国家将公民派到东方和西方学习科学。

奥：这也有一个经常让人们提起的关于海湾国家石油的问题，石油到底是一种恩惠还是一种惩罚？

艾：一些人认为它是一把双刃剑，是给人们带来了好处，同时也有使货币单一化的另一面。

奥：这是什么意思？

艾：实际上这不是我新说的，这已经是很流行的话了，石油也给地区带来了问题。它改变了人们的社会生活，不管是外国人还是卫星频道的缘故，随之而来的是人们行为的改变。还有就是全世界都参与了进来，最主要的就是政治局势。

奥：这确实是事实，人们说所有有恩惠的东西都会被嫉妒。

艾：我觉得不管怎么说，在我看来，海湾国家还是很美的，时间过得也很快，人们生活没有困难，我在那里的日子就像是在美丽的梦境中。

奥：你介绍的可真多。

الدرس الثاني عشر

كرة القدم

◈ أ — أمين
◈ حـ — حسن

جلس الابن حسن والأب أمين أمام شاشة التلفزيون يشاهدان مباراة لكرة القدم، الوقت الساعة الثالثة صباحا بتوقيت بكين، المباراة تقام في فرنسا بين فريق فرنسا وفريق الكاميرون في مباريات كأس العالم للقارّات.

بعد قليل استيقظ جدّ حسن وشاهد المباراة من أولها إلى آخرها وهو مليء بالنشاط وحريص على متابعة حركات اللاعبين، خلال المباراة:

أ: إنّ الجماهير كثيرة جدّا!

حـ: نعم، هذه مباراة مهمّة.

أ: ها هم، لقد ظهر اللّاعبون.

حـ: أبي، تتوقّع من سيفوز منتخب فرنسا أم منتخب الكاميرون؟

أ: طبعا المنتخب الفرنسيّ ممتاز، وسيفوز في المباراة. لاعبو الهجوم والدّفاع من الدّرجة الأولى في العالم. ومنتخب الكاميرون لا يستهان به، ويتكوّن من لاعبين ذوي شهرة عالميّة وفرنسا تحسب لهم ألف حساب.

حـ: انظر إلى ذلك اللّاعب الذّي يمرّر الكرة الآن! إنّه يضرب الكرة بقوّة. لقد أحرز هدفًا...! جول! ... برافو! ... هائل! ...

الحكم يصفر معلنًا انتهاء الشوط الأوّل بنتيجة واحد صفر.

بعد خمس عشرة دقيقة:

حـ: ها قد بدأ الشّوط الثاني.

أ: النّاس متحمّسون، ويهتفون بصوت عال.

حـ: اللاعب رقم ١٠ وقع على الأرض! إنّه يتألّم!... ها هو يقف

مرة أخرى! الحمد لله! فهو لاعب ماهر. اللّاعب رقم ٧ (سبعة)، إنّه يقترب من المرمى بسرعة، لقد أحرز هدفًا!

أ: وها هو الحكم يصفّر. انتهى الشوط الثاني. وبهذا انتهت المباراة.

حـ: والنّتيجة، اثنان لصفر، لقد فاز الفريق الفرنسيّ.

۞ *أ — أمين*

۞ *جـ — جدّ حسن*

وبعد نهاية المباراة ذهب حسن إلى المدرسة وأمين إلى مكان عمله. في المساء دار بينهم الحديث التالي:

حـ: يا جدّي، هل تحبّ أن تشاهد مباريات كرة القدم؟

جـ: نعم، أريد أن أشاهدها، وعندما كنت شابّا، كنت ألعب كرة القدم مع أصدقائي دائما.

حـ: أيّ رياضة تحبّ أكثر؟

جـ: أحبّ كرة القدم. كنت جناحًا أيمن في فريق جامعتنا لكرة القدم. ولكنّني الآن أصبحت كبير السنّ، فأفضّل المشاهدة على شاشة التلفزيون على أن ألعب في الملعب.

حـ: يا جدّي، قد شاهدت المباراة أمس، فما رأيك في المباراة؟

جـ: هذه المباراة ممتعة لأن الفريقين ممتازان، كلاهما من فرق الدرجة الأولى، وقد فاز كلّ منهما إمّا بكأس العالم وإمّا بكأس إفريقيا.

ح: نعم، فريق فرنسا أحسن فريق في العالم، فيه نجوم اللاعبين العالميّين، وأحبّهم كثيرا.

- أ — أمين
- ح — حسن
- جـ — جدّ حسن

جـ: من تحبّ أكثر فيهم؟

ح: أحبّ اللاعب رقم ١٠، وهو مهاجم وسط. وهناك مهاجمان متقدّمان الأيسر والأيمن ماهران أيضا. وأخيرا فاز فريق فرنسا في المباراة.

جـ: ولكن المباراة ليست للفوز فقط، إن المباريات عادة تكتسب أهمّيّتها من المناسبة التي أقيمت من أجلها، ثانيا، لا بدّ من غالب ومغلوب، لقد كانت المباراة مثيرة بكلّ المقاييس.

أ: لقد أعجبني العرض الفنّيّ للاعبين وروح تعاونهم.

جـ: مؤكد، كلّ مباراة في حاجة إلى روح الفريق. من يستطيع أن يقول إنّه يستطيع أن يفوز وحده في مباراة كرة القدم.

أ: إنّ كرة القدم نشاط جماعيّ، لا بدّ لكلّ لاعب أن يتعاون، فهم يمرّرون الكرة بسرعة فيما بينهم، وينتقلون في الملعب بنشاط.

جـ: نعم، إذا مرّر لاعب الكرة إلى المكان المناسب ولكن المهاجم

المتقدّم لا يجري بسرعة تضيع الفرصة لتسجيل هدف، وبالتالي لا يفوز في المباراة.

ح: نعم، إذا كان المهاجم المتقدّم ممتازا ولكن لا أحد يساعده في تمرير الكرة، لا يستطيع إحراز هدف.

ج: صدقت، كما رأينا أن اللاعبين يتمتّعون بأجسامهم الرياضيّة القويّة ويتحلون بالصبر والعزيمة لتحقيق أهداف فإذا فشلت المحاولة الأولى يبدؤون من جديد بعزيمة لا تعرف الاستسلام.

أ: نعم إنّ الرياضة ليست لتقوية الأجسام بل غاية الرياضة هي تقويم الأخلاق.

ح: الرياضة تزيل الحدود الجغرافيّة، ألا ترون لقد استيقظنا بعد منتصف الليل لنشاهد مباراة في فرنسا، جدّي يشجّع الكاميرون وهو بلد بعيد عن الصين. وكذلك لا عنصريّة في الرياضة فالعلاقات إنسانيّة تماما، وتقوّي الروابط بين الشعوب.

أ: إنّ كرة القدم تتمتّع بشعبيّة كبيرة في العالم.

ح: أريد أن أكون لاعبا دوليّا وأمثّل بلدي الصين.

أ: هذه أمنية عزيزة سأساعدك لتحقيقها، لأنك تسهم مع زملائك في الفريق لرفع شهرة الصين.

ج: أعتقد أنّك تريد أن يكسب ابنك أموالا طائلة، ومن ثم يكون

غنيّا. إنّ اللاعب المشهور يحصل على أموال كثيرة من ناديه ومن الشركات التجاريّة.

حـ: إذن سأبذل كلّ جهدي لأصبح لاعبا ماهرا.

أ: يجب علينا أن نتذكّر أن جمهور المشجّعين يجدون متعة لا توصف عند مشاهدة المباريات سواء من خلال التلفزيون أو في الملعب، فنراهم يلوّحون بأعلام الفريق الذّي يشجّعونه ويصفّقون ويغنّون ويرقصون. كلّ هذا في حالة من الفرح، أمّا بعضهم لا يتحمّل الهزيمة وينتج عن غضبهم أحيانا تصرّفات غير مسؤولة، مثلا يشعلون النار ويتشاجرون ويكسرون المقاعد، أي أنّهم يحدثون شغبا قد ينتج عنه فقد أرواح وتدمير ممتلكات.

جـ: لكرة القدم فوائد سياسيّة، نسمع أن العلاقة بين بلدين متوتّرة، ولكنّها تعود إلى صورتها الطبيعيّة بسبب المباريات التي تجرى بين فرق البلدين.

حـ: أيضا ربّما تكون هناك دولة صغيرة فقيرة يهزم فريقها فريق دولة كبيرة وغنّيّة. والأمثلة على ذلك كثيرة.

جـ: فرق هذه الدول دائما تشترك في التصفيات النهائيّة مثل البرازيل، والأرجنتين، وألمانيا، وتركيا، والكاميرون، واليابان، وكوريا الجنوبية، والسعوديّة، من هنا أعتقد أن المهارة في كرة القدم يمكن أن يكتسبها الغني والفقير.

أ: بعض الدول تنفق أموالا كثيرة لكي يمارس الناس الرياضة فتنشئ الأندية المزوّدة بالمعدّات الرياضيّة وتشيّد الملاعب وتنظّم الدورات الرياضيّة.

جـ: إنّ الصينيّين يشترون بعض اللاعبين الأجانب الممتازين للعب في الفرق الصينيّة، وذلك من أجل تطوير رياضة كرة القدم في الصين. وتم التعاقد مع المدرّبين الأجانب للاستفادة من خبراتهم.

أ: هذا يوضح لنا أن كرة القدم لغة عالميّة يفهمها الجميع، وأتمنّى أن يشتهر فريقنا لكرة القدم مثل ما اشتهرنا في الألعاب الرياضيّة الأخرى.

المفردات الجديدة

تَوْقِيتُ بَكِين	北京时间
مُنْتَخَبٌ جـ مُنْتَخَبَاتٌ	运动队
اَلْكَامِيرُون	喀麦隆
كَأْسُ الْقَارَّاتِ	洲际杯
اَلْحُصُولُ على	获得
مَلِيءٌ بِـ	充满

الدرس الثاني عشر كرة القدم 175

第十二课 足球

مُتَابَعَةٌ	关注
لاَعِبٌ جـ لاَعِبُونَ	运动员
جُمْهُورٌ جـ جَمَاهِيرُ	群众；球迷
اَلْهُجُومُ	进攻
اَلدِّفَاعُ	防守
مَرَّرَ يُمَرِّرُ تَمْرِيراً	带球
ضَرَبَ يَضْرِبُ ضَرْباً الْكُرَةَ	踢球
أَحْرَزَ الْهَدَفَ	射中一球
جُول (GOAL)	进球
بْرَافُو (BRAVO)	太棒了
هَائِلٌ	很精彩
حَكَمٌ جـ أَحْكَامٌ وحُكَّامٌ	裁判
نَفَخَ يَنْفُخُ نَفْخًا	吹
الصَفَّارَةُ	哨
صَفَّرَ يُصَفِّرُ تَصْفِيراً	吹哨
أَعْلَنَ يُعْلِنُ إعْلاَنًا	公开，宣布
مُعْلِنٌ	宣布
اَلشَّوْطُ الأَوَّلُ	第一局，上半场
مُتَحَمِّسٌ جـ مُتَحَمِّسُونَ	热情的人

倒在地上	وَقَعَ يَقَعُ وُقُوعًا على الأرضِ
感到疼	تَأَلَّمَ يَتَأَلَّمُ تَأَلُّمًا
球门	اَلْمَرْمَى
右翼	جَنَاحٌ أَيْمَنُ
两个都	كِلَاهُمَا / كِلَيْهِمَا
左/右前锋	مُهَاجِمٌ مُتَقَدِّمٌ أَيْسَرُ / أَيْمَنُ
胜利者	غَالِبٌ
失败者	مَغْلُوبٌ
刺激的	مُثِيرٌ
集体活动，集体项目	نَشَاطٌ جَمَاعِيٌّ
失去机会	ضَاعَتْ الفُرْصَةُ
投降	اِسْتَسْلَمَ يَسْتَسْلِمُ اِسْتِسْلَامًا
品德，品质	خُلُقٌ ج أَخْلَاقٌ
消失	أَزَالَ يُزِيلُ إِزَالَةً
地理界限	اَلْحُدُودُ الْجُغْرَافِيَّةُ
因素	عُنْصُرٌ ج عَنَاصِرُ
种族主义	عُنْصُرِيَّةٌ
大众的，民众的	شَعْبِيَّةٌ
提升中国的声誉	رَفْعَ شُهْرَةَ الصِّين

177 الدرس الثاني عشر كرة القدم

第十二课 足球

نادٍ جـ أَنْدِيَة نَوَادٍ	俱乐部
سَوَاءٌ... أَوَ	两者相同
لَوَّحَ يُلَوِّحُ تَلْوِيحاً	挥舞
عَلَمٌ جـ أَعْلاَمٌ	旗子
تَحَمَّلَ يَتَحَمَّلُ تَحَمُّلاً	忍受
اَلْهَزِيمَةُ	失败，败北
غَضِبَ يَغْضَبُ غَضَبًا	生气，愤怒
تَصَرُّفَاتٌ غَيْرُ مَسْؤُولَة	不负责任的行为
أَشْعَلَ يُشْعِلُ إِشْعَالاً النَّارَ	点火
تَشَاجَرَ يَتَشَاجَرُ مُشَاجَرَةً	互相殴打
كَسَرَ يَكْسِرُ كَسْرًا	打碎
أَحْدَثَ شَغَبًا	发生骚乱
فَقَدَ الأَرْوَاحَ	失去生命
دَمَّرَ الْمُمْتَلَكَاتِ	毁坏财产
مُتَوَتِّرٌ	紧张
اَلتَّصْفِيَاتُ النِّهَائِيَّةُ	决赛
اِكْتَسَبَ يَكْتَسِبُ اِكْتِسَابًا	赢得
اِسْتَضَافَ يَسْتَضِيفُ اِسْتِضَافَةً	主办
أُولُمْبِيَاد	奥林匹克运动会

خَسِرَ يَخْسَرُ خَسَارَةً	损失
رِبْحٌ ج أَرْبَاحٌ	赢利
التَّعَاقُدُ	签合同（名词）
اِسْتَفَادَ مِنْ الْخِبْرَاتِ	从经验中获益

الدرس الثاني عشر كرة القدم

附：相关译文

第十二课　足球

◎ 艾——艾明

◎ 哈——哈桑

　　儿子哈桑和父亲艾明坐在电视机前观看足球比赛，当时是北京时间凌晨3点，比赛是法国队与喀麦隆队的洲际杯比赛。

　　一会儿，爷爷也起床满怀热情地从头到尾看完了比赛，而且一直关注着运动员的活动。比赛中：

艾：啊，观众可真多呀！

哈：是的，这是一场很重要的比赛。

艾：噢，运动员入场了。

哈：爸爸，你猜是法国队赢还是喀麦隆队赢？

艾：当然，法国队非常优秀，应当会赢得比赛，队里的进攻和防守球员在世界上都是一流的，喀麦隆队也不可轻视，它也是由世界著名的球员组成的，法国队也是十分小心。

哈：您看，那个正在带球的球员，他用力地踢球，球进了，进了！太棒了！太精彩了！

裁判员吹哨了，宣布上半场结束，0比1。

15分钟以后：

哈：下半场开始了。

艾：观众真热情，大声欢呼。

哈：10号队员摔在地上了，他一定很疼，啊，他又站起来了！太棒了！这真是一名优秀的球员，7号球员迅速地靠近球门了，又射中一球。

艾：啊，裁判吹哨了，下半场结束了，全场比赛结束了。

哈：比赛结果2比0，法国队获胜。

◎ 艾——艾明

◎ 爷——哈桑的爷爷

比赛结束后，哈桑上学，艾明上班，晚上他们进行了一场对话：

哈：爷爷，您也喜欢看体育比赛？

爷：是的，我喜欢看。我年轻的时候，经常和朋友们一起玩儿。

الدرس الثاني عشر كرة القدم

第十二课 足球

哈：您最喜欢什么项目？

爷：我最喜欢足球，我原来是大学足球队的右边锋，可是我现在年纪大了，我现在更喜欢看电视而不是去运动场。

哈：爷爷，您昨天也看了比赛，您觉得怎么样？

爷：当然比赛很精彩，因为两支球队都很优秀，都是世界一流的，他们一个获得过世界杯，一个得过非洲杯。

哈：是的，法国队是世界上最好的球队，队里有许多世界级的球员，我很喜欢他们。

◇ 艾——艾明

◇ 哈——哈桑

◇ 爷——哈桑的爷爷

爷：你最喜欢谁？

哈：我最喜欢 10 号，他是中场进攻球员，当然队里的左右前锋也非常好，最后，法国赢得了比赛。

爷：但是比赛并不仅仅是为了获胜，比赛经常有其举行的目的。还有，有比赛就一定会有输赢，比赛在各个方面都要让人激动。

艾：运动员具有艺术性的比赛和运动员们的合作精神让我很

感动。

爷：当然了，所有的比赛都需要合作，谁敢说他一个人就能赢得足球比赛的胜利。

艾：足球是一项集体的活动，每一个运动员都要团结合作，他们快速地将球传给别人，而且在运动场上积极地奔跑。

爷：是的，如果一个球员将球传到了一个非常合适的位置，但是进攻球员不是很快地奔跑，就会浪费机会，失去射门良机，而且也不会赢得比赛。

哈：是的，如果进攻球员十分优秀，却没有一个人帮着给他传球，他也不会进球得分。

爷：你说得很对，我还觉得运动员还可以享有强健的体魄，他们有毅力，坚持为破门得分而努力，如果一次失败了，他们还会以不服输的信心再次重新开始。

艾：是的，体育不仅能使人身强体壮，而且还能让人有坚强的性格。

哈：体育打破了地域界线，难道你们没有看到我们很早就起床观看远在法国的比赛，我爷爷支持喀麦隆队，它离中国很远。同时体育比赛中也没有种族主义，体育中的关系完全是人道主义的，而且能加强人们之间的关系。

艾：足球在世界上享有很大的人民性。

哈：我也想成为一名国际球员，代表中国参加比赛。

艾：这是一个很好的想法，我会帮你实现的，因为你可以和队里的同事一起提高中国的知名度。

爷：我看你是想让你的儿子挣很多的钱，然后成为富翁，因为知名的运动员可以从俱乐部和商业公司挣到很多的钱。

哈：那我就努力成为一名有名的运动员。

艾：我们还应该想到球迷在观看比赛时的那种无法形容的喜悦，不管是在观看电视转播还是在现场观看，我们都能看到他们挥舞着自己支持的队的旗子，鼓掌、唱歌、跳舞。这些都是在高兴的状况下发生的。一部分人可能不能忍受失败，有时会十分愤怒，发生一些不理智的行为。比如点火把、互相殴打、打碎电灯，也就是说发生了骚乱，可能导致生命和财产损失。

爷：足球还有政治方面的益处，我们有时听说两国关系紧张，但是两国足球队比赛后关系趋于正常。

哈：还有，小国、穷国的球队战胜了大国、富国的球队的例

منهج الاستماع الأساسيّ للغة العربيّة (الجزء الأول)

子比比皆是。

爷：像巴西、阿根廷、德国、土耳其、喀麦隆、日本、韩国、沙特阿拉伯这些国家经常进入世界杯的决赛圈，从中我们也可以看出足球的技术不管是穷国还是富国都可得到。

艾：一些国家花费很多的钱财，为了让人们都参加体育锻炼，兴建了许多有现代化体育设施的俱乐部，建场馆，组织体育比赛。

爷：中国球队也引进了许多优秀的外国运动员，这也是为了提高中国的足球水平。而且还与许多外国的教练员签合同，以获取他们的经验。

艾：这说明足球语言是世界性的，所有的人都能理解，我希望我们的球队也像我们其他运动队一样在世界上有名。

الدرس الثالث عشر

السفر

◉ عـ — عبيد
◉ مـ — محمّد

مـ: أظنّ أنك مشغول هذه الأيّام، هل هذا صحيح؟
عـ: لقد صدق ظنّك، أنا تقريبا في مرحلة الترتيبات الأخيرة للسفر.
مـ: السفر؟! إلى أين؟

عـ: نعم، سأسافر إن شاء الله إلى الصين.

مـ: إلى الصين؟! هذا خبر سارّ. لماذا؟

عـ: للدراسة، أريد أن أدرس اللغة الصينيّة في جامعة بكين.

مـ: كم سنة ستبقى في الصين؟

عـ: أريد أن أستمرّ في دراسة اللغة الصينيّة حتّى الحصول على شهادة الدكتوراه.

مـ: يعني ستبقى في الصين على الأقلّ عشر سنوات.

عـ: نعم، الدراسة عمل شاقّ، يحتاج إلى العزيمة والإرادة. ولكنّ اللغة الصينيّة مفيدة جدّا، وخاصّة في السنوات الأخيرة، حققت الصين إنجازات كبيرة في الاقتصاد والتجارة.

مـ: نعم، الصين ستؤدي دورا أكبر في العالم. اللغة الصينيّة ستصبح لغة عالميّة مع تقدّم الصين الاقتصاديّ.

عـ: ولهذا اخترت هذه اللغة.

مـ: نعم، مبارك لك من أعماق قلبي، بقدر ما أنا مسرور لهذا الخبر فأنا حزين أيضا.

عـ: مسرور هذا ممتاز، أمّا أن تقول إنك حزين فلا أعرف لماذا؟ هل تحسدني على هذه النعمة؟

مـ: لا، لا. يا صديقي، أعتقد أنّك تعلم أن للسفر محاسن ومساوئ، بمعنى أن له وجهين خيرًا وشرًّا. ولكن تتوقّع أن فوائده أكثر من

أضراره.

ع: فهمت قصدك. سأفارق الأهل والأصدقاء الذّين تفتّحت عيوني على الدنيا وأنا بينهم وأحاطوني بالعناية والرعاية حتّى صرت رجلا تهتمّ بي الدولة وتمنحني فرصة الدراسة في الخارج، يصعب عليّ أن أترك الأرض التي ترعرعت على ثراها، فالمشاعر والأحاسيس تحثني على التشبث بالإقامة بتراب وطني أشمّ هواءه، وأتغذى من خيراته، ولكن عقلي يرى مستقبلا مشرقا يطلّ بنوره في الأفق البعيد والوصول إليه يتطلب بعض التضحيات والتخلّي عن بعض تفاصيل الماضي لكي أنطلق كالفرس الجموح وأحقّق بعض أحلامي وأنا شاب.

م: إنّي أعرفك جيّدا فأنت رجل طموح، لا ترضى إلا أن تنال أعلى المناصب فلقد كنت متفوّقا دائما على زملائك في دراستك.

ع: لا يهمّني نفسي فقط، رغبتي الأكيدة أن أعود إلى بلدي مكتسبا علما غزيرًا وتجارب مفيدة أسهم بها في تطوّر وطني لكي يلحق بركب الأمم المتقدّمة.

م: أتمنّى لك ذلك، ولقد سمعت أنّ الصين تنطلق إلى الأمام بخطوات ثابتة في كلّ جوانب الحياة، ولقد حقّق أبناء الصين نجاحات منقطعة النظير فأنجزت في عقدين فقط إنجازات أذهلت كثيرا من المراقبين الاقتصاديين، فصارت كالمارد الذّي استيقظ

من سباته.

ع: والسفر يا صديقي يجعلنا نتعلّم من غيرنا ويفتح آفاقنا ونستفيد من خبرات الآخرين فنستوعبها ونهضمها ثمّ نبدع ونبتكر ما يلائم بيئتنا.

م: نعم، الصين تسعى جاهدة لاستيراد التقنيات وجذب المستثمرين.

ع: عندما أكون في الجامعة في الصين سأقابل زملاء وهؤلاء سيكون لهم شأن عظيم في بلدهم ويتقلّدون أعلى المناصب، صداقتهم وزمالتهم ستكون كنزا حقيقيّا.

م: السفر يتيح لك فرصة معرفة الصين جغرافيًّا والتعرف على عادات وتقاليد هذه الأمّة التي تتمتّع بحضارة عريقة.

ع: بالإضافة إلى أنّني سأكتسب مالا يساعدني في حياتي فالسفر مفيد، يكسبني المعارف والأصدقاء والمال والترويح عن النفس.

م: هل جهزت كلّ شيء؟

ع: نعم، استخرجت جواز السفر من وزارة الداخليّة واستلمته اليوم والغريب أنّه يحمل رَقْمَ ٦٤٠٩١ وأنا أحبّ هذا الرَّقْمَ تعرف ما السبب؟

م: لا أعرف، أخبرني.

ع: لأنّ مجموع أعداده عشرون، وأنا أتفاءل بهذا الرقم.

م: هل ودّعت زملاءك في الجامعة؟

ع: لقد أقام القسم لي حفل وداع، اشتمل على دعوة عشاء وتبادل الزملاء كلمات التقدير والمشاعر عن شخصيّ المتواضع وهذه الليلة ستكون محفورة في ذاكرتي وستكون الوقود الذّي يحرّكني لأتغلب على الصعاب في غربتي ولقد التقطت صوراً كثيرة من أجل الذكريات.

م: تقبّل منّي هذه الهديّة البسيطة.

ع: لماذا أتعبت نفسك؟

م: أنت تستحقّ أكثر من ذلك.

ع: لا أريد أن أثقل حقائبي أثناء سفري.

م: هل رتبت حقائبك؟

ع: نعم، والحمد لله.

م: أقول لك مع السلامة وأراك في المطار.

في المطار

م: لقد أصبح المطار مزدحما جدّا.

ع: نعم، تغيّرت الحياة ونحن الآن نعيش عصر السرعة فالكلّ يرى

أنّ الوقت ثمين والطائرة مريحة جدّا.

مـ: يفضّل الناس السفر بالطائرة رغم أنّ قيمة التذكرة عالية.

عـ: ترى في المطار جميع الأعمار أطفالا وكبارا من الجنسين.

مـ: إنّ المطارات هي النافذة التي تطلّ منها الدولة على العالم فإذا كان المطار نشيطا، وهناك طائرات تقلع وطائرات تهبط فهذا مؤشّر على أنّ هذه الدولة تسير في الاتّجاه الصحيح.

عـ: هيّا نَزن أمتعتنا، هي ليست ثقيلة.

مـ: إنّ سعر الوزن الزائد للحقائب في السفر بالطائرة مرتفع.

عـ: صدقت.

مـ: خذ بطاقة رقم حقائبك ونلوّح لأصدقائنا ونودّعهم.

عـ: لنذهب لكاونتر الجوازات.

مـ: ما رأيك أن نتجول قليلا في السوق الحرّة فما زال عندنا بعض الوقت.

عـ: فكرة رائعة.

مـ: يجب أن نعرف الباب الذّي يأخذنا إلى الطائرة، واهتمّ جيّدا بأوراقك الثُّبوتيّة.

عـ: نعم وثائق السفر أغلى شيء في هذه اللحظة.

191 الدرس الثالث عشر السفر
第十三课 旅行

المفردات الجديدة

صَدَقَ ظَنُّكَ	你的感觉是对的
خَبَرٌ سَارٌّ	令人高兴的消息
عَمَلٌ شَاقٌّ	繁重的劳动
اَلْعَزِيمَةُ وَالْإِرَادَةُ	决心与意志
أَعْمَاقُ قَلْبِي	我内心深处
حَسَدَ يَحْسُدُ حَسَدًا	嫉妒
مَحَاسِنُ	优点，美德
مَسَاوِئُ	缺点，不足
ضَرَرٌ جـ أَضْرَارٌ	害处
فَارَقَ يُفَارِقُ مُفَارَقَةً	分离
أَحَاطَ بِالْعِنَايَةِ وَالرِعَايَةِ	让关怀与爱护包围
مَنَحَ يَمْنَحُ مَنْحًا	提供
تَرَعْرَعَ يَتَرَعْرَعُ تَرَعْرُعًا	成长
ثَرًى	沃土
اَلْمَشَاعِرُ وَالْأَحَاسِيسُ	感觉与感受
حَثَّ يَحُثُّ حَثًّا	鼓动，督促，鼓舞
التَشَبُّثُ بِـ	坚持

أُفُقٌ جـ آفَاقٌ 地平线；眼光

ضَحَّى يُضَحِّي تَضْحِيَةً بِـ 牺牲

تَخَلَّى يَتَخَلَّى تَخَلِّيًا عن 摆脱，抛弃

تَفْصِيلَة / تَفَاصِيلُ 细节

فَرَسٌ جـ أَفْرَاسٌ 马，骏马

جَمُوحٌ 难以驾驭的

طَمُوحٌ 雄心

أَنَالَ يُنِيلُ إِنَالَةً 使获得

أَرْضَى يُرْضِي إِرْضَاءً 让高兴

رُتْبَةٌ جـ رُتَبٌ 地位，级别

هَمَّ يهُمُّ هَمًّا فلانا 对某人关心

مُكْتَسِبٌ 获得

أَسْهَمَ يُسْهِمُ إِسْهَامًا في 作贡献

لَحِقَ يَلْحَقُ لَحَاقاً بِـ 赶上

مُنْقَطِعُ النَّظِيرِ 无比的，无双的

في ظَرْفِ ... 一段时间内

أَذْهَلَ يُذْهِلُ إِذْهَالاً 让人发愣

مُرَاقِبٌ جـ مُرَاقِبُونَ 观察员

مَارِدٌ 巨人，大力士

193 الدرس الثالث عشر السفر
第十三课 旅行

هَبَّ يَهُبُّ هُبُوبًا من النوم	睡醒
اِسْتَوْعَبَ يَسْتَوْعِبُ اِسْتِيعَابًا	掌握，领悟
هَضَمَ يَهْضُمُ هَضْمًا	消化
أَبْدَعَ يُبْدِعُ إِبْدَاعًا	创造
اِبْتَكَرَ يَبْتَكِرُ اِبْتِكَارًا	发明创造
لَاءَمَ يُلَائِمُ مُلَاءَمَةً	适合，合适
اِسْتَثْمَرَ يَسْتَثْمِرُ اِسْتِثْمَارًا فهو مستثمِر	投资，投资者
تَقَلَّدَ يَتَقَلَّدُ تَقَلُّدًا	效仿，模仿
عُدَّ يُعَدُّ	被认为
تَطَلَّعَ يَتَطَلَّعُ تَطَلُّعًا	了解，认识
تَقْلِيدٌ جـ تَقَالِيدُ	传统
رَوَّحَ يُرَوِّحُ تَرْوِيحًا	放松心情
جَهَّزَ يُجَهِّزُ تَجْهِيزاً	准备，装备
وِزَارَةُ الدَاخِلِيَّةِ	内政部
تَفَاءَلَ يَتَفَاءَلُ تَفَاؤُلاً بـ	持乐观的态度
صِفَةٌ جـ صِفَاتٌ	特色，特性
دِبْلُومَاسِيَّة	外交的
كَلِمَاتُ التَّقْدِيرِ والْمَشَاعِرِ	表扬与有感情的发言
مَحْفُورٌ م مَحْفُورَةٌ	被刻的

تَغَلَّبَ تَغَلُّباً على	克服
اِلْتَقَطَ يَلْتَقِطُ اِلْتِقَاطًا صُوَرًا	拍照片
حَقِيبَةٌ ج حَقَائِبُ	行李
رَتَّبَ يُرَتِّبُ تَرْتِيبًا الْحَقِيبَةَ	整理行李
عَصْرُ السُّرْعَةِ	速度时代
رَغْمَ أنَّ	尽管
أَقْلَعَ يُقْلِعُ إقْلاعًا	起飞
هَبَطَ يَهْبِطُ هُبُوطًا	降落
مُؤَشِّرٌ على	指示，表明
وَزَنَ يَزِنُ وَزْنًا	称重量
رَحَّلَ يُرَحِّلُ تَرْحِيلاً	托运，搬运
كاونتر (counter)	柜台
السُّوقُ الْحُرَّةُ	免税市场
وَرَقَةٌ ثُبُوتِيَّةٌ ج أَوْرَاقٌ ثُبُوتِيَّةٌ	证件
وَثِيقَةٌ ج وَثَائِقُ	文件，证件

الدرس الثالث عشر السفر

附：相关译文

第十三课　旅行

◎ 奥——奥贝德

◎ 穆——穆罕默德

穆：我觉得你这几天很忙，干什么呢？

奥：你的感觉是对的，我最近要准备一个旅行。

穆：旅行？去什么地方？

奥：是的，我准备去中国。

穆：去中国，这个消息不错，为什么去？

奥：学习，我想在北京大学学习汉语。

穆：你在中国待几年？

奥：我想学汉语一直学到博士毕业。

穆：也就是说你要在中国至少待上十年。

奥：是的，学习是一项艰苦的工作，需要决心与毅力。但是汉语是一种非常有用的语言，特别是最近几年，中国的经济和贸易方面发生了很大的变化。

穆：是的，中国在世界上起了很大的作用，汉语随着中国经济的进步将变成一种世界性的语言。

奥：正因为这个，我才选择了汉语。

穆：从内心深处祝贺你，我为你高兴的同时也有点为你伤心。

奥：高兴这很好，可是你说伤心，我就不明白了，你是嫉妒我的这次良机吗？

穆：不，不，朋友，我觉得你应该知道旅行有好处也有不利的一面，也就是说，它有两个方面，有好的也有不好的。但是你可以看出好的方面是大于不好的一面的。

奥：我知道你的意思了，我要远离亲人与朋友，和他们在一起，让我睁眼认识了这个世界，我接受他们的关心与爱护，终于我成为了一个对祖国有用的人，国家给了我这次出国留学的机会，我很难离开这块生我养我的土地，思乡之情紧紧将我与祖国的土地联系在一起，我闻到了给我养分的空气，但是我的理智告诉我，在地平线的远处的前途是光明的，到达光明的未来需要牺牲和克服生活上的小困难，这样才会像一匹脱缰的骏马一样驰骋，实现我儿时的梦想。

穆：我太了解你了，你是一个有雄心的人，你不得最好成绩

الدرس الثالث عشر السفر

不罢休。你原来上学的时候就是你们同学中学习最好的。

奥：这不仅仅是为了我个人，我最终的心愿是要学到丰富的知识，在获得有益的经验后，就回到祖国，用它来为国家的发展作贡献，以便使我们的国家进入世界先进国家的行列。

穆：我真希望这样，我听说中国生活中的每个方面都在以坚实的步伐向前迈进，而且中国人民也取得了举世无双的成就，在最近二十年来取得的成就让世界许多的经济观察家惊叹，中国就像一个巨人从沉睡中清醒了。

奥：旅行能让我们从别人那里学到很多的东西，开阔我们的视野，吸取别人的经验，我们掌握它，消化它，然后我们创造发明出适合我们的环境的东西来。

穆：是的，中国正在致力于进口技术，吸引投资。

奥：我在中国上大学的时候，要与同学相互接触，因为这些同学将在他们的国家中担当重要的角色，获得很高的职位。朋友与同学的关系被认为是最真挚、宝贵的财富。

穆：这次旅行能让你了解中国的地理状况，了解这个有着悠久历史国家的风俗习惯。

奥：对于我在物质上获得财富的同时，旅行也能让我获得知识、朋友、金钱，并愉悦心情。

穆：你都已经准备好了吗？

奥：是的，我的护照已经从内政部办出来了，今天就能取出来，有趣的是我的护照号码是64091，我很喜欢这个数字，你知道为什么吗？

穆：我不知道，你告诉我吧。

奥：因为这些数字的总和是20，我很喜欢这个数。

穆：你已经和你的大学同学告别了吗？

奥：我们系里给我举办了一个欢迎晚会，一起吃晚餐。同学们表达了他们对我的依依惜别之情。这个夜晚将铭刻在我的记忆，成为我离乡之后克服困难的动力。我们拍了很多的纪念照片。

穆：请接受我这一个小小的礼物。

奥：干什么这么破费？

穆：这是应该的。

奥：我旅行中不想带太重的行李。

穆：你的行李打包了吗？

奥：已经打过了。

الدرس الثالث عشر السفر

穆：那我就先说再见了，我们机场见。

在机场

穆：机场现在真是很拥挤。

奥：是的，我们的生活发生了变化，现在是高速度时代，每个人都知道时间是很宝贵的，飞机是非常舒适的。

穆：尽管飞机票有点贵，但是人们还是选择飞机出行。

奥：你看飞机上男女老少都有。

穆：机场是一个国家了解世界的窗口，如果机场非常繁忙，飞机不断地起降，就说明这个国家的发展趋势是正确的。

奥：我们去称一下行李，我的行李不是很重。

穆：飞机托运每公斤的费用是很高的。

奥：你说得没错。

穆：你拿着行李牌，我们和朋友挥手告别。

奥：我们去办登机手续吧。

穆：我们去免税商店转一转好吗？我们还有时间。

奥：主意不错。

穆：我们应该知道我们是从几号门登机，注意你的各种手续。

奥：是的，现在各种手续是最重要的。

الدرس الرابع عشر

على شاطئ البحر

أ - أمين
مـ - محمّد

أ: أين تذهب لتقضي عطلتك هذا الصيف؟
مـ: أذهب إلى الشاطئ.
أ: هل تذهب بمفردك؟
مـ: ربّما.
أ: أين تذهب في العادة؟

مـ: أذهب إلى شاطئ الإسكندريّة، الإسكندريّة عروس البحر الأبيض المتوسّط، هي مدينة تجمع بين القديم والحديث، وفيها الكثير من الملاهي.

أ: أين تذهب هذه الأيّام؟ هل تذهب إلى الشاطئ أيضا؟

مـ: طبعا، أذهب إلى شاطئ البحر.

أ: هل ستسبح؟

مـ: لا أظنّ، لأن الجوّ في هذه الأيّام بارد جدّا.

أ: كلام فارغ! جوّ هذه الأيّام حارّ جدّا، والوقت يناسب السباحة.

مـ: لا، لا... البحر هائج والأمواج عالية.

أ: لا، أبدا! البحر هادئ ولا توجد أمواج بالمرّة.

مـ: أقول لك بصراحة، يا أمين، أنا لا أعرف السباحة.

أ: لا عليك، أنا ماهر فيها، هل تريد أن تتعلّم السباحة؟

مـ: نعم، أريد.

أ: أعلّمك إذا أردت.

مـ: بكلّ سرور هذا ما أتمنّى.

أ: حسنا، سأدعوك اليوم للسباحة في مياه البحر.

مـ: يسعدني ذلك، وهذه موافقتي ولقد لبيّت الدعوة طائعا مختارا.

أ: سأقوم بالترتيبات اللازمة، من مواصلات ومأكولات وسأركّز

على المأكولات المعلبة والمكسّرات والفواكه؛ لأنّي لا أميل للأكل في المطاعم.

م: هل أساعدك في شيء؟

أ: لا، إذا كنت في حاجة إلى أيّ شيء سأتّصل بك على جوالك، وأنا أعرف أنك لا تقصر، بارك الله فيك.

م: حسنًا، نكون على اتصال لكي نحدّد موعد ومكان الانطلاق، أريد أن أقول لك شيئًا.

أ: ما هو؟ تكلّم كلي آذان صاغية.

م: ما رأيك في أن نأخذ أسرنا معنا؟ فرصة لكي يتنفس الأولاد وأمّهاتهم هواء البحر ويتحرّروا من قيود الجدران الأربعة وهواء المكيفات والنساء يطبخن، فما أحلى تناول الطعام في الهواء الطلق.

أ: الله، فكرة رائعة، أوافقك تماما. إذن نستأجر حافلة.

م: الحافلة موجودة وأنا سأكون السائق، أولادنا أغلى ما نملك.

أ: اتّفقنا وعلى بركة الله.

- *أ — أمين*
- *م — محمّد*
- *ز — زوجة محمّد*

مـ: هذه هي الكبائن المعدة لاستقبالنا فلننزل أمتعتنا ونرْتَح قليلا بعد فترة طويلة داخل السيّارات.

أ: أيضا الجوّ حارّ جدًا، وأرى غيوما في الأفق البعيد.

مـ: نادِ الأولاد فإن اللعب تحت أشعة الشمس مضر، وربّما سبّب لأحدهم ضربة الشمس.

أ: تعالوا يا أولاد من الشمس إلى الظلّ وعندي لكم لعبة نتسلّى بها حتّى تعدّ أمّهاتكم الغداء ويصبح الجوّ لطيفا.

ز: لكن نحن البنات دائما محرومات، يجب أن نلعب نحن أولا ثمّ الأولاد.

أ: يا بنات تعالين إلى هنا، أجلس معكنّ تحت هذه الشجرة الظليلة نستمتع بالنسيم العليل، وألعب معكنّ لعبة تختلف عن لعبة الأولاد.

ز: الغداء جاهز يا رجال ويا بنات ويا أولاد، تعالوا. الرجال مع الرجال والنساء مع النساء.

أ: أنا أعترض(لا أوافق)، هذا النظام نتبعه داخل البيوت وليس في الرحلات ثمّ نحن لسنا غرباء، بل نشعر بأننا أسرة واحدة.

مـ: نعم نعم، لا للتمييز.

أ: أنا أوافق لأنّي ولد، والولد يأكل بسرعة، وهذه فرصة لأكل طعام البنات، كما تعلمون أنا أكول وأحبّ تناول الحلوى على

الأخصّ.

م: هنيئا لك فالأكل وافر ولله الحمد.

أ — أمين

م — محمّد

أ: لقد تجمّعت السحب في السماء وبدأ البرق يخرج من بين السحب المتراكمة، وهبّت الرياح قويّة، وجميع المؤشّرات تدلّ على أن هبوط المطر أصبح وشيكا، وبالتالي لا نتمتّع بالسباحة عصر هذا اليوم.

م: انظر، بدأت أمواج البحر تهيج وتتلاطم.

أ: هذه طبيعة البحر يكون هادئا وفجأةً تراه يهيج وتعلو أمواجه فيدخل الخوف في النفوس.

م: مثل هذا الطقس يزعج ربان السفن.

أ: نعم، ولكنهم متمرسون يبحرون على سطح البحر كما تمشى أنت على الأرض المستويَةِ.

م: لن يهدأ الرعد طول الليل، فلنذهب لننام.

أ: أغلق الأبواب والنوافذ بإحكام، تصبح على خير.

م: صباح الخير يا شباب، إنّ السماء صافية والبحر هادئ. أرى

الناس قد شرعوا في النزول إلى البحر فمنهم من يسبح ومنهم من يجدف بالزوارق وخلاف ذلك.

أ: الوقت مبكّر جدّا، علينا أن نتناول طعام الإفطار.

مـ: اسمعوا، هناك صياح وصفارة إنذار.

أ: صحيح، ما الخبر؟

مـ: يقولون إن سمك أبي سيف القاتل قد ظهر على بعد كيلومتر من الشاطئ وهناك تحذير للناس يطلب منهم الابتعاد والخروج من الماء حتّى لا يعرّضوا أنفسهم للخطر.

أ: لقد سمعت كثيرا عن حيوانات البحر المفترسة منها الحوت الأزرق والقرش.

مـ: لا تقلق كثيرا، فإنّ رجال خفر السواحل، تهمّهم سلامة الناس، وفي الحقيقة هذا من صميم واجبهم وهم مزوّدون بأحدث الأجهزة.

أ: اسمع، لقد قالوا من يرُد السباحة فليسبح؛ أصبح الشاطئ آمنا.

مـ: هيّا، هذا الجانب من الشاطئ خاص بالرجال، عليك أن تأخذ النساء والبنات بالحافلة إلى تلك الناحية الخاصّة بالنساء. ونلتقي بعد الظهر.

- ح — حسن
- أ — أمين
- م — محمّد

ح: أبي، أريد أن أشرب ولكن الماء مالح جدّا.

أ: لا تشرب ماء البحر، تجد الماء العذب في حاوية الماء.

م: أظنّك تعرف أنّنا نستخرج ملح الطعام من البحر، في طريق عودتنا للبيت سنمرّ بأحواض الملح وأشرح لكم تلك العمليّة.

ح: والدي، لقد تعلّمت في المدرسة أن ماء المطر أصلا جاء من البحر وللبحر فوائد كثيرة.

م: قرأت موضوعا مضمونه أن أعشاب البحر لها قيمة غذائيّة عالية وسيزرعها العلماء في أعماق البحار لإنتاج الغذاء وبالتالي لا نعتمد على نباتات سطح الأرض كثيرا.

أ: وقال العلماء إن اللحوم البيضاء كلحوم الحيوانات البحريّة ليست مضرّة كاللحوم الحمراء.

م: يا شباب، هيّا نسبح لم نأت إلى هنا لنتنافس في المعلومات بل جئنا للحرّيّة والاستمتاع بالحمام الشمسيّ ولعب الكرة على الرمال الناعمة البيضاء وسماع همس الطبيعة.

207 الدرس الرابع عشر على شاطئ البحر
第十四课 在海边

المفردات الجديدة

عَرُوسُ الْبَحْرِ الأَبْيَضِ الْمُتَوَسِّطِ	地中海的新娘
مَلْهًى جـ مَلاَهٍ (الملاهي)	娱乐场所
كَلاَمٌ فَارِغٌ	废话，没用的话
هَائِجٌ	咆哮，翻滚
مَوْجٌ جـ أَمْوَاجٌ	浪，海浪
أَقُولُ لَكَ بِصَرَاحَةٍ	我和你说实话
عَامَ يَعُومُ عَوْمًا	游泳
أَسْعَدَ يُسْعِدُ إِسْعاداً فلانا	使某人高兴
طائِعٌ مُخْتَارٌ	顺从
تَرْتِيبَاتٌ لاَزِمَةٌ	必要的准备
اَلْمَأْكُولاَتُ الْمُعَلَّبَةُ	罐头食品
اَلْمُكَسَّرَاتُ	坚果，小块的食品
جوالك (هاتفك)	你的手机
خَلاَص	好吧，行吧
صَاغِيَة	听，听着
عَائِلَةٌ جـ عَوَائِلُ	家，家庭
تَنَفَّسَ يَتَنَفَّسُ تَنَفُّسًا	呼吸

تَحَرَّرَ يَتَحَرَّرُ تَحَرُّراً من	从某处解放出来
قَيْدٌ جـ قُيُودٌ	枷锁
حَائِطٌ جـ حِيطَانٌ	墙
هَوَاءُ الْمُكَيِّفَاتِ	冷气（空调房里）
هَوَاءُ طَلْقٌ	新鲜的空气
حَافِلَةٌ	大车，大轿车
مَصِيفٌ جـ مَصَائِفُ	避暑胜地
مَسِيرَةٌ طَوِيلَةٌ	长途
غَيْمٌ جـ غُيُومٌ	乌云
مُضِرٌّ	有害
ضَرْبَةُ الشَّمْسِ	中暑
ظِلٌّ جـ أَظْلَالٌ وظِلَالٌ	阴凉，树阴
تَسَلَّى يَتَسَلَّى تَسَلِّيًا بِـ	高兴，娱乐
مَحْرُومَةٌ جـ مَحْرُومَاتٌ	被禁止的女人
شَجَرَةٌ ظَلِيلَةٌ	有阴凉的树
نَسِيمٌ عَلِيلٌ	微风
اِعْتَرَضَ يَعْتَرِضُ اِعْتِرَاضًا	反对
غَرِيبٌ جـ غُرَبَاءُ	陌生人，陌路人
عِشْتَ عِشْتَ	太好了

209 الدرس الرابع عشر على شاطئ البحر

第十四课 在海边

أَكُولٌ	贪吃的人
اَلسُّكَّرِيَات	甜食
سَحَابٌ جـ سُحُبٌ	云彩
لَمَعَ يَلْمَعُ لَمْعًا	闪亮，闪光
اَلسُّحُبُ الْمُتَرَاكِمَةُ	聚集在一起的云彩
هَبَّتْ الريحُ تَهِّبُ هَبًّا	刮风
هَبَطَ يَهْبِطُ هُبُوطًا	下降
وَشِيكٌ	靠近
هَاجَ يَهِيجُ هَوْجًا / تلاَطَم	咆哮
رُبَانُ السُّفُنِ	船长
مُتَمَرِّسٌ جـ مُتَمَرِّسُون	经验丰富的人
الأَرْضُ الْمُسْتَوِيَّةُ	地平面
الرَّعْدُ	雷电
أَغْلَقَ الْبَابَ بإحْكَام	关好门
جَدَّفَ يُجَدِّفُ تَجْدِيفًا بالزَّوَارِقِ	划船
صَاحَ يَصِيحُ صِيَاحًا	喊叫
صَفَّارَةُ إنْذَار	警笛
سَمَكُ أَبِى سَيْفِ	剑鱼
عَرَّضَ نَفْسَهُ لِلْخَطَر	使自己处于险境

اَلْحُوتُ الأَزْرَقُ	蓝鲸
القِرْشُ	鲨鱼
مَالِحٌ م مَالِحَةٌ	咸的
مِلْحٌ ج أَمْلاحٌ	盐
حَوْضٌ ج أَحْوَاضٌ	池子
عُشْبُ الْبَحْرِ	海草
لَحْمٌ أَبْيَضُ ج لُحُومٌ بَيْضَاءُ	白肉
لَحْمٌ أَحْمَرُ ج لُحُومٌ حَمْرَاءُ	红肉
حَمَّامٌ شَمْسِيٌّ	日光浴
اَلرِّمَالُ النَّاعِمَةُ	柔软的沙子
هَمْسُ الطَّبِيعَةِ	大自然的细语

الدرس الرابع عشر على شاطئ البحر

附：相关译文

第十四课　在海边

◎ 艾——艾明

◎ 穆——穆罕默德

艾：今年暑假你去什么地方？

穆：我去海边。

艾：你一个人去吗？

穆：可能吧。

艾：你们一般都去什么地方？

穆：我去亚历山大海边，亚历山大是地中海的新娘，是一个古老又现代的城市，那里有许多娱乐场所。

艾：这几天你去哪儿？你也去海边吗？

穆：当然，我去海边。

艾：你去游泳吗？

穆：不，因为这几天天气有点冷。

艾：真是糊涂话，这几天天气多热呀，现在正是游泳的时间。

穆：不，不，大海咆哮，波涛翻滚。

艾：根本就不是，大海非常平静，一点儿浪都没有。

穆：我和你说实话吧，艾明，我不会游泳。

艾：没有问题，我游泳非常不错，你想学游泳吗？

穆：是的，我想。

艾：如果你想的话，那我可以教你。

穆：我太高兴了，这是我求之不得的。

艾：好吧，我今天就能在海上教你学游泳。

穆：太好了，我完全同意。我欣然接受你的邀请。

艾：我还要准备一些路上必备的东西和吃的，我要准备一些罐头、小块的食品和一些水果。我不太喜欢在餐厅里用餐。

穆：需要我帮什么忙吗？

艾：不，如果需要，我给你打手机，我知道你是不会不管的，感谢你的好意。

穆：好吧，我们保持联系，定下出发的时间和地点，我还想跟你说一件事。

艾：什么事，你说吧，我听着呢。

الدرس الرابع عشر على شاطئ البحر

穆：我们带上家眷一起去怎么样，让孩子和太太们都呼吸新鲜空气，从封闭的环境和有空调的环境中解放出来，女人在清新的空气中做出来的饭更香。

艾：哎呀，这是一个好主意，我完全同意，那我们就准备一辆大一点的车。

穆：有大车，我可以当司机，我们的孩子是我们最宝贵的财富。

艾：咱们说定了，希望我们一切顺利。

❀ 艾——艾明
❀ 穆——穆罕默德
❀ 妻——穆罕默德的妻子

穆：这个避暑胜地已经准备好了欢迎我们，我们把行李拿下来吧，休息一会儿，我们在汽车里已经待了半天了。

艾：天气也真是太热了，我看天边都是乌云。

穆：叫孩子们一下，在太阳光下面玩对身体不好，也许谁会中暑。

艾：过来吧孩子们，躲开太阳到阴凉下面来玩，我有一个让你们高兴的游戏，你们的母亲们正在准备午餐，天气还真是不错，是吧？

妻：我们这些女孩经常是不能出来的，我想我们先玩，然后再让男孩子玩。

艾：姑娘们过来，我和你们一起坐在这棵大树阴凉的下面，微风拂面，咱们玩一种和男孩子不一样的游戏。

妻：饭好了，男人，女孩子，男孩子，都过来，男人和男人在一起，女人和女人在一起。

艾：我反对，这个规矩是在屋子里的，而不是在旅行中的，况且我们也都不是外人，我们就好像是一家人一样。

穆：你说得对，不要有歧视。

艾：我完全同意，男孩子和男人吃饭都很快，正好我就趁机抢女孩子的饭。我又是一个贪吃的人，特别是甜的东西。

穆：你随意吧，太好了，我们的饭够吃了。

◎ 艾——艾明

◎ 穆——穆罕默德

艾：乌云在天边聚起来了，云层里有闪电，风也刮起来了，看来就要下雨了，我们今天傍晚不能游泳了。

穆：你看海面上开始起浪了，波涛汹涌。

艾：这就是大海的本性，原本平静的海面，也许会风云突变，咆哮，起很大的浪，让人心里产生恐惧。

穆：像这种天气，最让船长头痛。

艾：是的，但是他们要工作，他们出海就像是你在平地上行走一样。

穆：一晚上了雷雨都没有停，我们去睡觉吧。

艾：把门窗都关好，晚安。

穆：早上好，孩子们，天气放晴了，海面也平静了，有人开始下海，有的游泳，有的划船，还有干其他事儿的。

艾：太早了，我们应该吃完早饭。

穆：你们听，好像有喊叫声和救护车的声音。

艾：没错，怎么了？

穆：他们说有剑鱼在一公里以外的海面上出现，这是警告人们不要出去得太远，或从水里出来，以免让自己受到威胁。

艾：我听说海里有许多的凶猛的动物，像蓝鲸、鲨鱼。

穆：不要害怕，沙滩警察会保护人们的安全，事实上这也是他们的本职工作，他们也准备了先进的设备。

艾：你听，他们说海面安全了，谁愿意游泳，可以游泳了。

穆：走吧，这片海滩是男人的，女人和女孩子坐上汽车去那边专门给女人们准备的海滩，我们下午见。

◎ 哈——哈桑
◎ 艾——艾明
◎ 穆——穆罕默德

哈：爸爸，我想喝水，可是这水太咸了。

艾：海水是不能喝的，水袋里有淡水。

穆：我想你知道我们是从海水中提炼食用盐的，我们在回家的路上，会见到许多的盐池，然后我再给你解释制盐工艺。

哈：爸爸，我们在学校里学过，雨水本来是从大海里来的，大海的作用可大了。

穆：我读过一篇文章，内容是说海草的营养价值很高，科学家在深海种植这种水草以获得它的营养，而且我们也不用占用大量的土地面积。

艾：科学家说白肉，也就是海里的动物的肉不像红肉那样对身体有害。

الدرس الرابع عشر على شاطئ البحر

穆：孩子们，我们去游泳吧，我们到这儿来不是为了讨论科学知识的，我们是为了放松，享受日光浴的，在柔软的沙滩上打球，倾听大自然的细语。

الدرس الخامس عشر

زيارة النقعة والمصورات في السودان

☼ أ — أمين
☼ م — محمّد

م: إلى أين تذهب الآن يا أمين؟
أ: أذهب إلى مكتبة الجامعة، أريد أن أستعير بعض الكتب التاريخيّة.
م: لماذا؟ هل تحبّ قراءة الكتب التاريخيّة وترغب في دراسة التاريخ الآن؟

أ: أرغب في دراسة التاريخ منذ زمن طويل وكنت أريد أن أكون مؤرّخا أو أثريّا.

م: عندي نفس الرغبة، وأريد أن أقوم بزيارة المتاحف والآثار القديمة. هل اطلعت على الإعلان المعلق بلوحة الإعلانات بقسم التاريخ؟

أ: لا، منذ مدّة طويلة لم أمرّ على مبنى شعبة التاريخ؟ ماذا فيه؟ هل توجد مفاجأة؟

م: لماذا لا تطلع عليه دائما. أقول لك، أخيرا تحقّقت أمنيتي، ملخص الإعلان أن الشعبة ستنظّم رحلة إلى مِنطقة البجراويّة الأثريّة وعلى الراغبين في المشاركة أن يسجّلوا أسماءهم لدى موظّف الكلّيّة، علما بأن المقاعد محدودة، وتعطى الفرصة حسب الأسبقيّة في التسجيل.

أ: هذا خبر أسعدني كثيرا، بالتأكيد سجّلت اسمك واسمي.

م: للأسف لم أسجّل اسمك، أريد أن أعرف رأيك أولا، لأنّك أحيانا تدخلني في مشاكل (تسبب لي الإحراج، تضعني في مواقف محرجة).

أ: نعم يحصل ذلك أحيانًا، ولكن أترك أي شيء من أجل زيارة تلك المناطق الأثريّة الخالدة التي سمعت عنها كثيرا.

م: هيّا نسجّل.

۞ أ — أمين
۞ ع — عمر (موظّف في الشركة)

أ: متى موعد الرحلة، لو سمحت؟

ع: في الثالث من شهر يناير، كما تعلمون أن هذه الآثار تقع في قلب الصحراء شمال الخرطوم، وفي شهر يناير تكون درجة الحرارة معتدلة بينما في الصيف ترتفع درجة الحرارة.

أ: يعني يناير فصل سياحة لهذه الآثار القديمة.

ع: نعم، ولهذا ستجدون كثيرا من السيّاح جاؤوا من أنحاء العالم للتمتّع بالشتاء في هذه المنطقة والتعرّف على حضارة مروي.

أ: أعرف أن مروي مدينة سودانيّة قديمة وكانت عاصمة النوبيّين في القرن الرابع قبل الميلاد. هل هي بعيدة؟

ع: لا، ليست بعيدة، تتحرّك ثلاث حافلات من جامعة الخرطوم متّجهة إلى منطقة البجراويّة الأثريّة التي تبعد حوالي ١٥٩ كيلومترا شمال الخرطوم، ولأنّ الزحف الصحراوي يغطي الشوارع المعبّدة أحيانا فمن الأفضل أن يحمل السائح معه أجهزة تساعده في تحديد الاتّجاهات، حتّى يتجنّب الدخول في مغامرات مع الصحراء.

أ: حديثك هذا أدخل في نفسي الخوف مع الشوق للمغامرات المثيرة.

ع: تتألف هذه المنطقة من ثلاثة مواقع أثريّة، منطقة النقعة

والمصورات وتوجد بها قصور ضخمة ما زالت أعمدتها تقف صامدة أمام العوامل الطبيعيّة ومنطقة قصر الملك والتي نجد فيها المقبرة، وأخيرا الأهرامات.

أ: هل كان هناك علاقات خارجيّة لملوك مروي؟

ع: سؤالك في محلّه، يقول علماء الآثار إن ذلك المبنى الذّي يطلق عليه الكشك المروي دليل على العلاقات المتميّزة بين مملكة مروي والآخرين وهو من المعالم الأثريّة، وقرص الشمس المجنّحة هو من الحضارة الفرعونيّة، والبهو المزخرف من الحضارة الرومانيّة.

◈ *أ — أمين*

◈ *م — محمّد*

م: هذا المبنى يسمّى معبد الأسد شيّد في الفترة (٢٣٥—٢١٨ق.م) وفي المعبد رسومات تصوّر مظاهر القوّة والنصر والحماية الإلهية وفي مدخل المعبد توجد تماثيل لأسدين وتمساح مكمّم الفم دلالة على السلام والخصوبة.

أ: هيّا نلتقط بعض الصور التذكاريّة.

م: يا أخي ابتسم فإنّك تقف في مكان أثري وصورتك هذه ستكون تاريخيّة.

أ: يا جماعة عددكم كبير يجب أن يجلس بعضكم ويقف البعض

الآخر. قفوا حسب الطول قصار القامة في الأمام ولا تتركوا مسافات بينكم حتّى يدخل الجميع في الصفّ الأوّل وطوال القامة في الخلف.

مـ: أسرع يا مصوّر، الغبار ملأ عيوننا.

أ: صحيح، تعلّمت أن الحضارات تقوم على ضفاف الأنهار ولكن النيل يبعد ٣٨ كيلومترا عن هذا الموقع الأثري الهام، لماذا؟

مـ: يقول البعض إنّ النيل غيّر مجراه، وهناك من يعتقد أن هذه المنطقة كانت مكسوّة بالغابات وغنّيّة بالمياه، ولكن بسبب تأثير العوامل الطبيعيّة أصبحت صحراء. وهذا ينطبق على جميع الأراضي التي تسمّى بالصحراء الكبرى، وهذا الاعتقاد يتّفق مع النظرية التي تقول إنّ النفط عبارة عن نباتات دفنت تحت الصحراء وتحوّلت إلى زيت.

أ: هيّا تحرّكت الحافلات ونحن الآن في طريقنا إلى الأهرامات.

مـ: ها قد وصلنا، ليست ضخمة كأهرامات الجيزة في مصر وشكلها مُدَبَّبُ الرأس.

أ: هي مدافن ملوك وملكات مروي يفوق عددها المئة والأربعين هرما، وتقع إلى الشرق من المدينة الملكيّة، وتعرف بالأهرامات الشماليّة والجنوبيّة والغربيّة، وكما ترى لها مداخل، وفي أعماقها

توجد مقابر الملوك أو الملكات وتوجد هناك مقابر ذات حفر بسيطة، هل هناك عادة متبعة عند دفن الملك؟

مـ: نعم، يقال إنَّ الملك كان يؤمن باستمرار الحياة بعد الموت ولهذا وجدت بعض القبور الكبيرة وبداخلها هياكل أشخاص وخيل وذهب، وفسِّرت بأن الملك عندما يموت تدفن معه زوجاته وخيله وسلاحه.

أ: بالإضافة إلى ذلك، هناك عادة دفن القرفصاء، وأيضا الدفن على السرير.

مـ: هناك فريق من علماء الآثار هيَّا نقف معهم.

أ: إنَّها البعثة الفرنسيَّة، وهم يُنَقِّبُون في هذه المنطقة.

مـ: إنَّ تاريخ حضارة مروي فيه غموض لم تفكَّ أسراره بعد وهناك تساؤلات كثيرة حول حقيقة حضارة مروي، وهل الأهرامات بدأت في السودان ثمَّ انتقلت شمالا إلى مصر أم العكس.

أ: لقد استفدت اليوم كثيرا، فعلا للسفر فوائد جمَّة، كم هو عظيم هذا الإنسان.

مـ: حان وقت الانصراف، لقد أوشكت الشمس على المغيب وبعد قليل سيحلّ الظلام، ويعم السكون هذا المكان.

أ: لقد سمعت أن الجنَّ يسكنون الصحراء، هل هذا صحيح؟

مـ: لا، هذه خرافات وأساطير، تعلم أن الرمال في حركة دائمة ومن حركتها تصدر أصواتا تكون واضحة جدّا في الليل، لذا يعتقد البعض أنّها أصوات الجنّ.

أ: فعلا، للغروب سحر لا يقاوم في بحر الرمال.

مـ: هيّا دع الرومانسيّة لكي ننطلق إلى المدينة.

المفردات الجديدة

مُؤَرِّخٌ جـ مُؤَرِّخُونَ	历史学家
أَثَرِيٌّ جـ أَثَرِيُّونُ	考古学家
اِطَّلَعَ يَطَّلِعُ اِطِّلَاعاً على	了解
لَوْحَة الإِعْلَانَات	广告牌
مُلَخَّصٌ	概括，梗概
مَقْعَدٌ جـ مَقَاعِدُ	位子，座位
اَلأَسْبَقِيَّةُ	优先权；先来后到
أَحْرَجَ يُحْرِجُ إِحْرَاجًا	让人难堪
سَائِحٌ جـ سُيَّاحٌ	旅行者
تَعَرَّفَ يَتَعَرَّفُ تَعَرُّفًا على	认识
نُوبِيٌّ جـ نُوبِيُّون	努比亚人

第十五课 探访苏丹古迹

مُتَّجِهَةً	朝向某方向
اَلزَّحْفُ الصَّحْرَاوِيُّ	沙漠扩大化
حَدَّدَ الاتِّجَاهَاتِ	确定方向
غَامَرَ يُغَامِرُ مُغَامَرَةً	冒险
صَامِدٌ م صَامِدَةٌ	坚毅的
العَوَامِلُ الطَّبِيعِيَّةُ	自然因素
مَقْبَرَةٌ جـ مَقَابِرُ	坟墓
كُشْكٌ جـ أَكْشَاكٌ وكُشْكَاتٌ	亭子
قُرْصُ الشَّمْسِ	太阳图案的盘子
مُجَنَّحٌ	翼形的
تَشَيَّدَ يَتَشَيَّدُ تَشَيُّداً	建造
رُسُومَاتٌ	绘画
اَلْحِمَايَةُ الإِلٰهِيَّةُ	神灵保护
مُكَمَّمُ الفَمِ	嘴被罩住了
اَلْخُصُوبَةُ	富庶
اَلصُّوَرُ التَّذْكَارِيَّةُ	纪念照
قِصَارُ الْقَامَةِ	个子矮的
طِوَالُ الْقَامَةِ	个子高的
الْمُصَوِّرُ	摄影师

اَلْغُبَارُ	尘土
ضِفَّةٌ جـ ضِفَافٌ	河岸
اَلْمَوْقِعُ الأَثَرِي	古迹
مَجْرًى جـ مَجَارٍ (اَلْمَجَارِي)	河道
مَكْسُوٌّ م مَكْسُوَّةٌ	被覆盖
اَلتَّغَيُّرَاتُ الْمُنَاخِيَّةُ	气候变化
يَنْطَبِقُ / انْطِبَاقًا عَلَى	符合，相符
وَافَقَ الْقَوْلَ	与话相符
مُدَبَّبُ الرَّأْسِ	尖顶
مَقَابِرُ ذَاتُ حَفْرٍ بَسِيطٍ	挖得很浅的坟墓
فَسَّرَ يُفَسِّرُ تَفْسِيراً	解释
القُرْفُصَاءُ	蹲姿
نَقَّبَ يُنَقِّبُ تَنْقِيبًا	考察
فَجْرُ التَّارِيخِ	历史的黎明
عَمَّرَ يُعَمِّرُ تَعْمِيراً الأرضَ	使地球长久
أَوْشَكَ يُوشِكُ إيشاكاً على	接近，靠近
جِنِّيٌّ جـ جِنٌّ	精灵
سَكَّنَ يُسَكِّنُ تَسْكِينًا	使安静
خُرَافَةٌ جـ خُرَافَاتٌ	迷信

227 الدرس الخامس عشر زيارة النقعة والمصورات في السودان
第十五课 探访苏丹古迹

أُسْطُورَةٌ ج أَسَاطِير	传说
ذَرَّاتُ الرَّمْلِ	沙砾
سِحْرٌ	神奇
اَلرُّومَانْسِيَّة	浪漫

附：相关译文

第十五课　探访苏丹古迹

◎ 艾——艾明

◎ 穆——穆罕默德

穆：艾明，你现在去哪儿？

艾：我去学校图书馆，我借几本历史方面的书。

穆：干什么用？你喜欢看历史书，你现在喜欢学历史了？

艾：我一直都喜欢历史，我原来还想成为一名历史学家或考古学家。

穆：我也有同样的爱好，我喜欢参观博物馆和古迹。你注意到历史系广告栏里张贴出来的广告了吗？

艾：没有，我很长时间没有到历史系大楼去了，那儿有什么？有什么惊喜吗？

穆：你为什么不经常去看看呢，我跟你说，终于我实现了我的一个愿望，广告上说专业里要组织一次去巴吉拉维亚古迹的旅游，有愿意去的人到系里登记处登记，并告知

الدرس الخامس عشر زيارة النقعة والمصورات في السودان

座位数是有限的，根据登记先来后到的顺序提供机会。

艾：这个消息真让我高兴，你肯定是把你的名字和我的名字都登上了。

穆：真是有点遗憾，我没有登记你的名字，我想先了解你的意见，因为你经常让我为难。

艾：也许会是这样，但是为了访问这些永久性的历史遗迹，我会放弃一切。

穆：那让我们去登记吧。

◎ 艾——艾明

◎ 奥—奥玛尔（公司职员）

艾：请问旅行是什么时候？

奥：1月3日，你们知道这些古迹都在喀土穆以北的沙漠中间，1月的时候正是最好的旅游时间，因为夏天气温太高。

艾：也就是说冬季是这些古迹最好的旅游季节。

奥：是的，正因为如此，你们会看到来自世界各地的旅游者来欣赏这个地区冬季的美景，认识马拉维文化。

艾：我知道马拉维是古代苏丹的一个城市，在公元前4世纪

منهج الاستماع الأساسيّ للغة العربيّة (الجزء الأول)

时是努比亚人的首都，这个古迹远吗？

奥：不，不是很远，有三辆大轿车从喀土穆大学出发开往距喀土穆以北 159 公里的巴吉拉维亚古迹，因为有的时候沙漠行进会代替在柏油路上行进，所以最好是带上能帮助辨别方向的仪器，避免冒险闯入沙漠。

艾：你的这番话让我心里都有点害怕了，尽管我也向往带有刺激性的冒险。

奥：这个地区由三个古代遗迹组成，努卡阿和马苏拉特地区，那里有巨大的宫殿，那里仍然还有饱经大自然的侵蚀而屹立不倒的柱子，还建有古墓的王宫，最后是金字塔。

艾：那个时候的马拉维国王们与外界有联系吗？

奥：这个问题问得很好，考古学家说这个建筑被叫做马拉维的亭子正是马拉维王国与其他人联系的证明，从古迹中看出，有古埃及的有羽翼的太阳图案的盘子，这是从法老文化中来的，被装饰的客厅是来自罗马文化。

◎ 艾——艾明

◎ 穆——穆罕默德

穆：这个建筑叫做狮子庙，是公元前 235 至公元前 218 年间

الدرس الخامس عشر زيارة النقعة والمصورات في السودان

第十五课 探访苏丹古迹

修建的，庙中有许多图画展示了力量、胜利和保卫神的场面，在神庙的入口处，还有两只狮子，一个罩着嘴的鳄鱼，表示和平与富庶。

艾：来，我们照相留个纪念。

穆：兄弟，笑一笑，站在古迹面前，你的照片将成为具有历史性的。

艾：诸位，你们的人数很多，应该一部分人坐着，一部分人站着，根据高矮个排队，矮个站在前面，后面是高个的。

穆：快点，摄影师，我们满眼都是灰尘了。

艾：是的，你知道文明一般都在河边，但是尼罗河却距离这个重要的古迹 38 公里，为什么？

穆：有的人说，尼罗河改道了，另一些人认为这个地区原先是被森林覆盖，水也很丰富，但是由于自然因素的影响，变成了沙漠，这也符合这个被叫做大撒哈拉沙漠的地区特色。另外一个说法是石油就是植物，被埋藏在沙漠，然后变成油。

艾：快点儿，轿车都开了，我们在去往金字塔的路上。

穆：我们已经到了，这个金字塔不像埃及吉萨法老的金字塔，它的塔尖是尖的。

艾：这是马拉维国王和王后的墓穴，总数超过 140 个，坐落在国王城的东边，以北、南、西的金字塔闻名。同时你看它还有许多的门，往深处看还有国王或是王后的坟墓，那里还有挖得很浅的坟墓。那个地方一般在埋葬国王时会有殉葬的吗？

穆：是的，据说国王深信死后会有生命再生。于是，在一些大的墓穴或墓穴深处中发现有人形、马形的骨架，还有金子，被解释为国王死亡时，与他一起埋葬的还有他众多的妻子、他的马匹以及兵器。

艾：另外，一般是蹲着被埋葬，也有是在床上被埋的。

穆：那里有一队考古学家，我们和他们站在一起吧。

艾：这是一个法国考察团，他们是来考察这个地区的。

穆：马拉维的文明史还不是很清楚，至今还没有被解释清楚，围绕着马拉维文明的事实还有许多疑问，金字塔是不是起源于苏丹，然后再北上到了埃及，还是正好相反呢？

艾：今天我真是受益匪浅，当然旅游有许多的益处，人是多么伟大啊。

第十五课　探访苏丹古迹

穆：我们该走了，太阳都快下山了，一会儿天就黑了，这个地区将是宁静一片。

艾：我听说精灵让沙漠寂静，这是真的吗？

穆：不，这是一种迷信或传说，你知道沙子是经常流动的，所以你的脚下就有许多的沙砾，流动产生声音，这在深夜是非常清楚的，因此一些人认为这个声音是精灵的声音。

艾：事实上，落日是神奇的，在沙海中拥有令人无法抵抗的魔力。

穆：好了，放下你的浪漫吧，我们快回市里吧。

الدرس السادس عشر

لقاء صحفي

ق — قاسم

أ — أمين

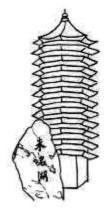

قام صحفي عربي من جريدة «الرؤية» بإجراء لقاء صحفي مع الدكتور أمين

ق: صباح الخير دكتور أمين.

أ: صباح الخير أستاذ قاسم، نوّرت جامعة بكين.

ق: بنورك دكتور، شكرًا على موافقتك إجراء هذا اللقاء الصحفي.

أ: هذا من دواعي سروري، لنبدأ.

ق: حسنًا، ما رأيك في تطور العلاقات العربية الصينية مؤخرًا؟

أ: العلاقات الصينية العربية ليست وليدة القرن الحالي، بل هي علاقة قديمة قدم الزمن، فقد شهد طريق الحرير الذي ربط بين الصين ودول العالم القديم تبادلًا ثقافيًّا وحضاريًّا وتجاريًّا بين الصين والعالم العربي، وتطور العلاقات الحالي هو نتاج طبيعي لهذا التواصل القديم، والقمة العربية الصينية الأخيرة توّجت هذه المسيرة الطويلة الحافلة بالإنجازات.

ق: وكيف ترى تطور هذه العلاقات في ضوء القمة العربية الصينية؟

أ: فتحت القمة الصينية العربية آفاقًا واسعة ورحبة أمام مستقبل العلاقات بين الجانبين في المجالات كافة، وقام الجانبان الصيني والعربي فيها بتفعيل وتوسيع نطاق التعاون الاستراتيجي الشامل المشترك، كما طُرحت في القمة العديد من النقاط الرئيسية التي ترسم ملامح مستقبل التعاون بين الصين والدول العربية، وأعتقد أن المصالحة التي تمت بين السعودية وإيران بوساطة صينية هي أحد أهم نتائج هذه القمة.

ق: نعم، الصين اليوم أصبحت قوة فاعلة في منطقة الشرق الأوسط،

خاصة بعد توسطها لاتفاق بين السعودية وإيران، فما رأيك في ذلك؟

أ: الصين دولة محبة للسلام، وتسعى إلى أن يسود السلام في بقاع العالم كافة، ونحن نعي تمامًا أن العالم متعدد الثقافات، لكننا يجمعنا جميعًا مصير مشترك. ومن هذا المنطلق، قامت الصين في السنوات الأخيرة ببذل جهود قوية لتكون وسيطًا محايدًا بين كل الأطراف، وأول محطة لهذه الجهود كانت في الشرق الأوسط، وهدفنا من وراء هذه الجهود هو خلق مستقبل أفضل للعالم.

ق: كيف ترى العلاقات العربية الصينية في ضوء مجتمع المصير المشترك؟

أ: أدركت الصين والدول العربية منذ فترة طويلة أن العالم متعدد الأقطاب، وليس أحادي القطب. وقد طرحت الصين مفهوم "بناء مجتمع مصير مشترك للبشرية"، إيمانًا منها أن البناء المشترك أصبح ضرورة حتمية في ظل التغيرات والتحديات التي تواجهها البشرية في العصر الجديد. والقمة الصينية العربية جاءت لتعلن دخول العلاقات بين الجانبين مرحلة جديدة أكثر تطورًا تدفع باتجاه بناء مجتمع عربي صيني ذي مصير مشترك في العصر الجديد.

ق: نعم، صحيح، وفي هذا الصدد، ما هو دور مبادرة الحزام والطريق في دعم التعاون العربي الصيني؟

أ: طرح الرئيس الصيني شي جين بينغ مبادرة الحزام والطريق في عام ٢٠١٣، هذه المبادرة هي إحياء لطريق الحرير الصيني القديم، وتفعيل لدوره في الربط الحضاري والثقافي والتجاري بين دول العالم، وكانت الدول العربية الصديقة بالطبع من أوائل الدول التي دعمت هذه المبادرة. وخلال قرابة عشر سنوات منذ طرح المبادرة الصينية، أصبحت الصين الشريك التجاري الأول للدول العربية، وأصبحت الدول العربية الشريك الأول للصين في مجال الطاقة، وزاد التبادل التعليمي والثقافي بين الجانبين ليصل إلى مرحلة غير مسبوقة، كل هذه الثمار جنتها الدول العربية والصين في ظل مبادرة الحزام والطريق.

ق: نعم، لمست ذلك بنفسي في مجال الصحافة، فقد جئت للصين مرتين، مرة لتغطية أحداث المؤتمر العشرين للحزب الشيوعي الصيني، ومرة أخرى لتغطية أحداث الجلسة الافتتاحية للدورة الأولى للمجلس الوطني الـ ١٤ لنواب الشعب الصيني.

أ: نعم، أذكر ذلك جيداً، فقد قابلتك لأول مرة في تغطية أحداث المؤتمر العشرين للحزب الشيوعي الصيني.

ق: نعم، وبخصوص ذلك، كيف ترى إنجازات الحزب الشيوعي الصيني على مدار أكثر من ٧٠ عاماً؟

أ: الحزب الشيوعي الصيني حقق العديد من الإنجازات في العديد من

مناحي الحياة خلال المئوية الأولى، أذكر منها على سبيل المثال لا الحصر، القضاء على الفقر، ورفع مستوى معيشة الفرد، وزيادة الدخل القومي، وزيادة نصيب الفرد في الصين من الدخل المحلي الإجمالي، والصين الآن في طريقها لتصبح دولة ذات دخل مرتفع، وإنشاء أكبر شبكة ضمان اجتماعي في العالم، ودخول الصين نادي الفضاء الدولي بقوة، وبناء مجتمع رغيد الحياة بطريقة شاملة، وغيرها من مظاهر الازدهار والتنمية.

ق: نعم، لمست كل هذا بالفعل في زيارتي للصين.

أ: نعم، وسترى إنجازات أكثر بعد القرارات التي اتخذها الحزب الشيوعي الصيني في مؤتمره العشرين.

ق: هل يمكنكم توضيح ذلك؟

أ: أكد تقرير المؤتمر العشرين أنه من الآن فصاعداً، صارت المهمة المحورية للحزب الشيوعي الصيني هي الاتحاد مع أبناء الشعب بمختلف قومياتهم في أنحاء البلاد وقيادتهم لإنجاز دولة اشتراكية حديثة وقوية على نحو شامل وتحقيق هدف الكفاح الواجب إنجازه عند حلول الذكرى المئوية لتأسيس جمهورية الصين الشعبية، ودفع النهضة العظيمة للأمة الصينية على نحو شامل بالتحديث الصيني النمط.

ق: وما هو التحديث الصيني النمط؟

أ: التحديث الصيني النمط هو التحديث الاشتراكي تحت قيادة الحزب الشيوعي الصيني، فهو يتسم بالصفات المشتركة للتحديث في مختلف البلدان، ويتميز على وجه الخصوص بالخصائص الصينية القائمة على ظروف الصين الواقعية. كما أنه تحديث يغطي حجمًا سكنيًّا هائلًا، يتمتع فيه أبناء الشعب كافة برخاء مشترك، ويحقق التوافق بين الحضارتين المادية والمعنوية، يتعايش فيه الإنسان والطبيعة في انسجام ووئام، وهو تحديث يسلك طريق التنمية السلمية.

ق: وكيف سيتم تحقيق التحديث الصيني النمط؟

أ: سيتحقق ذلك على خطوتين: الأولى من عام ٢٠٢٠ إلى عام ٢٠٣٥؛ وسيتحقق فيها التحديث الاشتراكي من حيث الأساس؛ والثانية من عام ٢٠٣٥ حتى منتصف القرن الحالي، وسوف ينجز فيها بناء بلادنا لتصبح اشتراكية حديثة قوية ومزدهرة وديمقراطية ومتحضرة ومتناغمة وجميلة.

ق: فهمت يا دكتور أمين، هل يمكنك أن توضح لنا أيضا أبرز النقاط التي تضمنها تقرير عمل الحكومة الصينية لعام ٢٠٢٣؟

أ: التقرير كان كبيرًا للغاية، أذكر منه أنه بعد ثماني سنوات من الجهود المتواصلة، تم انتشال ما يقرب من ١٠٠ مليون من سكان الريف من براثن الفقر، وعزم الحكومة الصينية على مواصلة

جهودها في مجالات الاقتصاد الرقمي، والتحول الأخضر، وجذب الاستثمار الأجنبي، والإنعاش الريفي، وتطوير طرق جديدة لإدارة الحوكمة وضمان الاستقرار الاجتماعي.

ق: ما شاء الله، نتمنى الخير والتوفيق للأمة الصينية الصديقة.

أ: شكرًا يا قاسم، ونحن نتمنى الخير والسلام للأمة العربية، ونتمنى أن يصل التعاون بين الصين والدول العربية لآفاق رحبة جديدة.

ق: شكرًا يا دكتور، ونحن أيضًا نأمل المزيد من التعاون بين الدول العربية والصين. وشكرًا على وقتك الثمين والمعلومات القيمة التي شاركتها معنا.

أ: عفوًا. هيا، سآخذك في جولة في جامعة بكين.

📖 المفردات الجديدة

لِقَاءٌ صَحَفِيٌّ	采访
شَهِدَ يَشْهَدُ شَهَادَةً	见证
طَرِيقُ الْحَرِيرِ	丝绸之路
نِتَاجٌ طَبِيعِيٌّ	自然结果
الْقِمَّةُ الْعَرَبِيَّةُ الصِّينِيَّةُ	中阿峰会

241 الدرس السادس عشر لقاء صحفي
第十六课 采访

تَوَّجَ يُتَوِّجُ تَتْوِيجًا	加冕
الْمَسِيرَةُ الطَّوِيلَةُ	长征
يَفْتَحُ آفَاقًا وَاسِعَةً وَرَحْبَةً	开辟广阔天地
التَّعاوُنُ الإسْتِراتيجيُّ الشَّامِلُ	全面战略合作
طَرَحَ يَطْرَحُ طَرْحًا	提出
يَرْسُمُ مَلَامِحَ	擘画蓝图
قُوَّةٌ فَاعِلَةٌ	影响力
تَوَسَّطَ يَتَوَسَّطُ وَسَاطَةً	斡旋
مُحَايِدٌ	中立
خَلْقُ مُسْتَقْبَلٍ أَفْضَلَ لِلْعَالَمِ	为世界创造更加美好的未来
مُتَعَدِّدُ الْأَقْطَابِ	多极
أُحَادِيُّ الْقُطْبِ	单极
بِنَاءُ مُجْتَمَعِ مَصِيرٍ مُشْتَرَكٍ لِلْبَشَرِيَّةِ	构建命运共同体
ظِلٌّ / ظِلَالٌ	在……的背景下
مُجْتَمَعٌ عَرَبِيٌّ صِينِيٌّ ذُو مَصِيرٍ مُشْتَرَكٍ فِي العَصْرِ الْجَدِيدِ	新时代中阿命运共同体
مُبَادَرَةُ الْحِزَامِ وَالطَّرِيقِ	"一带一路"倡议
الشَّرِيكُ التِّجَارِيُّ	商业伙伴
غَيْرُ مَسْبُوقَةٍ	前所未有

لَمَسَ يَلْمِسُ لَمْسًا	感受，接触
الْمُؤْتَمَرُ الْعِشْرُونَ لِلْحِزْبِ الشُّيُوعِيِّ الصِّينِيِّ	中国共产党第二十次全国代表大会
الْجَلْسَةُ الِافْتِتاحِيَّةُ لِلدَّوْرَةِ الْأُولَى لِلْمَجْلِسِ الْوَطَنِيِّ ال ١٤ لِنُوَّابِ الشَّعْبِ الصِّينِيِّ	十四届全国人大一次会议开幕会
الْقَضاءُ عَلَى الْفَقْرِ	消除贫困
الدَّخْلُ الْمَحَلِّيُّ الْإِجْمالِيُّ	国民总收入
شَبَكَةُ ضَمانٍ اجْتِماعِيٍّ	社会保障体系
نادِي الْفَضاءِ الدَّوْلِيُّ	国际航空俱乐部
مُجْتَمَعُ رَغِيدِ الْحَياةِ	小康社会
النَّهْضَةُ الْعَظِيمَةُ لِلْأُمَّةِ الصِّينِيَّةِ	中华民族伟大复兴
التَّحْدِيثُ الصِّينِيُّ النَّمَطِ	中国式现代化
اتَّسَمَ يَتَّسِمُ اتِّسامًا بِ	具有
بَراثِنُ الْفَقْرِ	贫困
الْإِنْعاشُ الرِّيفِيُّ	乡村振兴
مُتَناغِمٌ	和谐
الْمِئَوِيَّةُ الْأُولَى	第一个百年

الدرس السادس عشر لقاء صحفي

附：相关译文

第十六课　采访

◎ 卡——卡西姆

◎ 艾——艾明

《愿景报》的阿拉伯记者采访了艾明教授：

卡：艾明教授，早上好！

艾：卡西姆先生，早上好！欢迎来到北京大学！

卡：感谢您接受我的采访。

艾：我也很荣幸，我们开始吧。

卡：好的，请问您如何看待近期阿中关系的发展？

艾：中阿关系不是本世纪才建立的，它源远流长，连接古代中国和其他世界各国的丝绸之路见证了中阿文化、文明和商业的交流，当前的关系发展是这种古老交流的自然结果。最近举办的中阿峰会更是见证了这一漫漫进程所结的累累硕果。

卡：请问您如何看待中阿峰会对中阿关系发展的意义？

艾：中阿峰会为双方各领域关系发展的未来开辟了广阔天地，中阿双方激活和扩大了全面战略合作空间。中阿峰会也为中国与阿拉伯国家合作擘画蓝图。我认为中国斡旋并促成沙特和伊朗和解是本次峰会最重要的成果之一。

卡：是的，中国现在已经在中东地区有重要的影响力，特别是在中国促成沙特与伊朗和解之后，对此您怎么看？

艾：中国是一个爱好和平的国家，希望和平遍及世界各地。我们深知世界文化是多元的，但我们人类是一个"命运共同体"。从这方面看，中国近年来在多边中努力扮演中立调解人的角色，而中东就是解决这一问题的起始之地，我们的目的是为世界创造更加美好的未来。

卡：请问您如何看待命运共同体背景下的阿中关系？

艾：中国和阿拉伯国家早就意识到，世界是多极的，不是单极的。中国提出"构建人类命运共同体"的理念，认为针对新时代人类面临的变化和挑战，共建成为必然。中阿峰会的到来，标志着中阿关系进入不断发展的新阶段，推动构建新时代中阿命运共同体。

卡：是的，请问，"一带一路"倡议在支持中阿合作方面的作用是什么？

الدرس السادس عشر لقاء صحفي

艾：中国国家主席习近平于 2013 年提出"一带一路"倡议。这一倡议是源于中国古代丝绸之路，它承担了在世界各国之间的文明、文化和商业联系中的作用。友好的阿拉伯国家是最早支持这项倡议的。倡议发起十年来，中国成为阿拉伯国家的第一贸易伙伴，阿拉伯国家成为中国在能源领域的第一合作伙伴，双方的教育文化交流进入到前所未有的阶段。所有这些成果都是阿拉伯国家和中国在"一带一路"倡议下收获的。

卡：是的，我在新闻领域也见证了这些。我以前来过中国两次，第一次是报道中国共产党第二十次全国代表大会，第二次是报道十四届全国人大一次会议开幕会。

艾：是的，我记得很清楚，我第一次见到你时你是在报道中国共产党第二十次全国代表大会。

卡：是的。请问您如何看待中国共产党七十多年来取得的成就？

艾：中国共产党在建党第一个百年中取得了许多方面的成就，其中包括消除贫困、改善生活水平、增加国民生产总值、提高人均 GDP、建立世界上最大的社会保障体系、迈向高收入国家、大力进入国际空间俱乐部、全面建成小康社会等等多项繁荣发展的表现。

卡：是的，你刚才提到的这些方面，我都亲眼目睹了。

艾：而且在中国共产党第二十次全国代表大会作出决议之后，你会看到中国将取得更多的成就。

卡：您能解释一下吗？

艾：从现在起，中国共产党的中心任务就是团结带领全国各族人民全面建成社会主义现代化强国、实现第二个百年奋斗目标，以中国式现代化全面推进中华民族伟大复兴。

卡：中国式现代化是什么？

艾：中国式现代化，是中国共产党领导的社会主义现代化，既有各国现代化的共同特征，更有基于自己国情的中国特色。中国式现代化是人口规模巨大的现代化，是全体人民共同富裕的现代化，是实现物质文明和精神文明相协调的现代化，是人与自然和谐共生的现代化，是走和平发展道路的现代化。

卡：怎么实现中国式现代化？

艾：这将分两步走：第一步从2020年到2035年，基本实现社会主义现代化；第二步是从2035年到本世纪中叶，建成富强民主文明和谐美丽的社会主义现代化强国。

卡：明白了，艾明教授，你能不能也谈一下2023年政府工作报告的主要内容？

艾：报告的内容很丰富，其中提到，经过八年持续努力，近1亿农村贫困人口实现脱贫，中国政府在数字经济、绿色转型、引进外资、乡村振兴方面将继续奋斗，以找到创新的国家治理方案和保障社会稳定的方式。

卡：真好，祝友好的中华民族繁荣昌盛、国泰民安！

艾：谢谢你，卡西姆，祝愿阿拉伯民族繁荣美好和平，中国与阿拉伯国家的合作达到新高度。

卡：谢谢艾明教授，我们也希望阿拉伯国家和中国有更多的合作。感谢您百忙之中抽出宝贵的时间与我们分享您的看法。

艾：不客气，走，我带你逛一逛北大。

الدرس السابع عشر

الصحافة العربيّة

◈ أ — أمين
◈ م — محمّد

م: يا أستاذ أمين، ماذا تعمل الآن؟
أ: أنا أعمل في الصحافة الآن، أنا صحفيّ في مجلّة «المجتمع العربيّ

الجديد)).

مـ: هل هذه مجلّة أسبوعيّة أم شهريّة؟

أ: أسبوعيّة. في العالم العربيّ صحف ومجلّات كثيرة بعضها يصدر كلّ يوم، وبعضها يصدر كلّ أسبوع وبعضها يصدر كلّ شهر.

مـ: هل تحبّ عملك الآن؟

أ: نعم، أحبّه كثيرا. لأن الصحافة تعالج مشاكلَ المجتمع وهي وسيلة للتوثيق.

مـ: هل تعرف ما المشاكل الرئيسيّة في العالم الآن؟

أ: نعم، هي الفقر، والجهل، والمرض.

مـ: هناك مشكلة رابعة وهي الإرهاب.

أ: هل تعرف كيف نعالج هذه المشاكل؟ هل نبدأ بمشكلة الفقر، لأنّه يسبب الجهل والمرض، أم نبدأ بمشكلة الجهل لأنّه يسبب الفقر والمرض؟ أم نعالج مشكلة المرض أوّلا.

مـ: لا، الحلّ الصحيح هو أن نعالج المشاكل كلها في وقت واحد.

أ: وبالنسبة إلى الإرهاب، على دول العالم أن تشترك في حلها. طبعا، على الصحافة أن تشترك في هذه المعركة أيضًا.

مـ: يقال إنّ الصحافة مهنة المتاعب، ما رأيك في هذا القول؟

أ: الصحفي يحبّ عمله وهذا الحبّ يمنحه الإرادة القوية لاقتحام المصاعب ويستخدم عقله وقلمه ليكشف الحقيقة لأبناء أمّته،

وعندئذ يشعر بسعادة تنسيه همّه، وكثيرا ما نجد مقالا صحفيّا غيّر حركة التاريخ. وأحيانا يوضع الصحفيّ في السجن ويعذّب وقد يقتل ولكن هذا القمع لا يقلّل من عزيمة زملائه الصحفيين.

م: الصحافة لها سلطة وحضور بين عامّة الناس، حيث تجد نفس الصحيفة في أيدي الفقراء والأغنياء، وتكون أيضًا بين يدي الحقير والوزير.

أ: الصحيفة وسيلة ثقافية طيّعة تقرأها مستلقيا على سريرك أو جالسا في مقعد السيّارة أو القطار أو على متن الطائرة في الجوّ أو على سطح السفينة في البحر. كما أنّه يسهل حملها فأحيانا تحمل باليد أو تطبق وتوضع في الجيب.

م: صحيح، عند بعض الناس قراءة الصحف أصبحت عادة يوميّة يمارسها كالأكل والشرب، ولا يهدأ له بال حتّى يشتري الصحيفة التي يحبّ قراءتها ويكون منهمكا بين سطورها.

أ: يجد البعض متعة في قراءة الصحيفة كلّها، وآخرون يتصفّحون الجريدة، ويمّرون على موضوعاتها مرور الكرام ونوع آخر يقرأ بعين فاحصة ويرى ما بين السطور فهؤلاء اطلاعهم تخصّصي مثلا هناك صفحات المال والاقتصاد والسياسة والرياضة والتعليم وأخبار المجتمع.

مـ: تكون أهمّيّة الصحف من أهمّيّة كتابها وهيئة التحرير فيها، فإذا كانت أسماؤهم لامعة جذبت القراء لها.

أ: لكن بعض الكتاب ليس صادقا ربّما يكتب أحدهم عن قضيّة وهو ليس مؤمنا بها فقط من أجل الكسب الماديّ.

مـ: هذا القول ليس صحيحا مئة في المئة، هل هذا يحدث في الصحافة العربيّة؟

أ: نعم، لأن في العالم العربي صحفًا حكومية وصحفًا خاصة أيضا.

مـ: هل الصحافة العربيّة تكتب باللغة العربيّة فقط؟

أ: الصحافة العربيّة تكتب باللغات العربيّة والإنجليزيّة والفرنسيّة، وهذا التنوّع مفيد جدًّا؛ لأن القارئ والمحلّل يتلقّى المعلومات من مصادر مختلفة يستطيع من خلالها أن تكون له رؤيته الخاصّة به حيال قضيّة معيّنة.

مـ: واللغة العربيّة هي الأوسع انتشارا في الدول العربيّة ولها نصيب الأسد. بعض الصحف العربيّة تصدر داخل دول غير عربيّة، ولكنّها تباع داخل الدول العربيّة مثل «صحيفة الحياة» و«القدس العربيّ» وغيرها.

أ: كما انتشرت الآن ما تُعرف بلغة الصحافة وتتميّز بسهولة كلماتها وتعابيرها لتكون مفهومة من العامة والخاصّة.

م: للصحف دور كبير في التسويق والدعاية التجارية حيث تتنافس الشركات لحجز مكان لإعلاناتها في هذه الصحف للتعريف بنفسها أو بمنتجاتها.

أ: الصحيفة يجد فيها كلّ إنسان ما يحبّه، أعرف صديقا يقرأ فقط صفحة الرياضة، وآخر يهتمّ بحل الكلمات المتقاطعة ومعرفة مشاهير المجتمع.

م: من الصحف العربيّة المشهورة «صحيفة الخليج» و«البيان» و«عكاظ» و«الصحافة» و«الأهرام» و«الثورة» و«سبتمبر» وغيرها كثير.

أ: وهناك المجلّات الشهريّة ونصف السنويّة، والسنويّة وبعضها ذو طابع أكاديميّ تخصّصي، والآخر فنيّ أو اجتماعيّ مثل مجلّة «العربيّ» ومجلّة «المجلّة» و«أكتوبر».

المفردات الجديدة

اَلصَّحَافَةُ	新闻；报纸
صَحَفِيٌّ جـ صَحَفِيُونَ	记者
أُسْبُوعِيَّةٌ	每周的

253 الدرس السابع عشر الصحافة العربيّة

第十七课 阿拉伯的报纸

شَهْرِيَّةٌ	每月的
سَنَوِيَّةٌ	每年的
يَوْمِيَّةٌ	每日的
ظَهَرَ يَظْهَرُ ظُهُورًا	出现；出版
وَثَّقَ يُوَثِّقُ تَوْثِيقًا	确定；精通
اَلْفَقْرُ	贫穷
اَلْجَهْلُ	愚昧
اَلْمَرَضُ	疾病
الإِرْهَابُ	恐怖（恐怖主义）
عَالَجَ يُعَالِجُ مُعالَجَةً	解决
حَلٌّ صَحِيحٌ	正确的解决方法
مَعْرَكَةٌ ج مَعَارِكُ	战斗
مِهْنَةٌ ج مِهَنٌ	职业
اَلْمَتَاعِبُ	困难
إِرَادَةٌ قَوِيَّةٌ	坚强的意志
اِقْتَحَمَ يَقْتَحِمُ اِقْتِحَامًا	战胜
اَلْمَصَاعِبُ	困难
كَشَفَ يَكْشِفُ كَشْفًا	发现
وُضِعَ فِي السِّجْنِ	被投入监狱

عُذِّبَ يُعَذَّبُ تَعْذِيبًا	被处罚
اَلْقَمْعُ	镇压
أَخَافَ يُخِيفُ إخَافَةً	让人害怕
سُلْطَةٌ	权力
حُضُورٌ	地位，作用
وِسِيلَةٌ ثَقَافِيَّةٌ طَيِّعَةٌ	便捷的文化工具
مُسْتَلْقٍ على السَّرِير	躺在床上
بَرٌّ	陆地
على مَتْنِ الطَّائِرَةِ	飞机上
هَدَأَ له بَالٌ	使心情平静
مُنْهَمِكٌ في	着迷于
تَصَفَّحَ يَتَصَفَّحُ تَصَفُّحاً	翻阅
عَيْنٌ فَاحِصَةٌ	审视的眼光
مُؤْمِنٌ بـ	相信的人，信徒
مئة في الْمِئَةِ	百分之百
مَحَلِّلٌ	分析家
حِيَالَ قَضِيَّةٍ مُعَيَّنَةٍ	改变具体的问题
اَلتَّسْوِيقُ	推销，营销
اَلدِّعَايَةُ التِّجَارِيَّةُ	商业宣传

255 الدرس السابع عشر الصحافة العربيّة
第十七课 阿拉伯的报纸

تَنَافَسَ يَتَنَافَسُ تَنَافُسًا 竞争

اَلْكَلِمَاتُ الْمُتَقَاطِعَةُ 猜字游戏

附：相关译文

第十七课　阿拉伯的报纸

- 艾——艾明
- 穆——穆罕默德

穆：艾明老师，你最近干什么呢？

艾：我现在在做新闻工作，我在一本叫《新阿拉伯社会》的杂志做记者。

穆：这本杂志是周刊还是月刊？

艾：是周刊。在阿拉伯世界有许多的报纸杂志，有的是每天发行一期，有的是每周发行一期，有的是每月发行一期。

穆：你喜欢这份工作吗？

艾：是的，我很喜欢，因为新闻工作可以解决社会的问题，也是解决问题的途径。

穆：你知道当今世界上主要的问题是什么吗？

艾：是的，主要是贫穷、愚昧和疾病。

穆：还有第四个问题，那就是恐怖主义。

艾：那你知道该如何解决这些问题吗？是我们先解决贫穷，因为它导致了愚昧和疾病，还是先解决愚昧，因为它导致了贫穷和疾病，还是我们先解决疾病这个问题呢？

穆：不，正确的解决方法是我们同时解决这些问题。

艾：对于恐怖主义，应该全世界一起参与去解决它，新闻行业也要参加到这场战斗中来。

穆：有人说新闻行业是充满艰辛的职业，你怎么看这个问题？

艾：记者喜欢这个工作，这种喜爱给他们提供了有力意志来挑战困难。用他们的智慧和笔来为他们民族的人们揭露事实，当他们感到幸福时，就会忘掉忧伤。我们经常会看到有些报刊的文章篡改了历史的真实面貌，有的记者甚至被送到监狱，受到惩罚，有的甚至死去，但是这种镇压不能减弱他的新闻同事们的决心。

穆：新闻在普通市民中有它的权威和地位，有时会发现同一种报纸会出现在穷人与富人的手里，也可能同时出现在平民与部长的手里。

艾：新闻也是一种便捷的文化工具，你能躺在床上看，也能坐在汽车的椅子上看，也能在火车上看，还能在空中的飞机上看,在水中的轮船上看。同时它也很便于携带,有的时候拿在手上,有的时候叠起来放在兜里。

穆:是的,一些人读报已经变成了像吃喝一样的日常生活习惯了,有的人甚至会感到心神不安,直到买到一份他喜欢的报纸,专心地读。

艾:一些人在读报时会找到乐趣,另外一些人只是翻阅一下报纸,看一下内容,还有一种人用审视的眼光来看一看报纸上文章的内容。这些人主要关注一些专业的内容,比如一些金融、经济、政治、体育、教育、社会新闻等的专门文章。

穆:一份报纸的重要性还取决于它的作者与编辑部,如果他们的名字很响亮也会吸引读者。

艾:但是一些作者是不太诚实的,也许一些人对于一些事情并不倾心,只是为了物质利益。

穆:这种说法也不是百分之百的正确,这种情况出现在阿拉伯的报纸中吗?

艾:是的,因为在阿拉伯世界有些报纸是官方的,有些是民间的。

穆:阿拉伯国家的报纸都是用阿拉伯语出版的吗?

الدرس السابع عشر الصحافة العربيّة

艾：阿拉伯的报纸一般是用阿拉伯语、英语、法语书写，这种不同非常有用，因为读者和分析家可以从不同的渠道来获得知识，也可以形成他对具体事物的特殊观点。

穆：阿拉伯语的报纸，是阿拉伯国家发行范围最广的报纸，有相当的份额，有的阿拉伯语报纸是在非阿拉伯国家发行却在阿拉伯国家销售，比如《生活报》《阿拉伯圣城报》等等。

艾：同时还有一些报纸用特有的报刊语言，特别是用简单的语言，使普通人和特殊人群都能明白。

穆：报纸在市场化与商业宣传方面有很大的作用，许多公司可以在报刊上占据任何位置做广告宣传介绍自己及自己的产品。

艾：每个人都会在报纸中找到自己喜欢的东西，我知道有的朋友专门看体育类的报纸，还有的朋友则关心猜字游戏，认识社会名流。

穆：阿拉伯主要的一些报纸是：《海湾报》《声明报》《欧卡兹报》《萨哈法报》《金字塔报》《革命报》《九月报》等等，很多。

艾：也有一些有名的月刊杂志，还有半年刊的、年刊的，有些具有学术的、专业的特色，另外还有艺术的、社会特色的，如《阿拉伯人杂志》《马贾拉杂志》《十月杂志》。

北京大学出版社阿拉伯语系列图书

《阿拉伯语汉语词典》 北京大学外国语学院阿拉伯语系 编
《汉语阿拉伯语词典》（上、下）北京大学外国语学院阿拉伯语系 编
《中国阿拉伯关系史》（中阿对照） 郭应德 著 张甲民 译
《阿拉伯语基础教程》（第二版）（第一册）张甲民 景云英 编著
《阿拉伯语基础教程》（第二版）（第二册）张甲民 景云英 编著
《阿拉伯语基础教程》（第二版）（第三册）张甲民 景云英 编著
《阿拉伯语基础教程》（第二版）（第四册）张甲民 景云英 编著
《阿拉伯文学史》（四卷本） 仲跻昆 著
《天方探幽》 仲跻昆 著
《阿拉伯古诗100首》仲跻昆 选译 仲跻昆【巴勒斯坦】عبد الكريم الجعدي 朗诵
《阿拉伯语基础听力教程》（第三版）（第一册）付志明 【埃及】高山 编著
《阿拉伯语基础听力教程》（第二版）（第二册）梁雅卿 编著
《阿拉伯语基础听力教程》（第二版）（第三册）顾巧巧 编著
《简明阿拉伯语书法教程》 【叙利亚】哈穆德 付志明 编著
《高等学校阿拉伯语教学大纲词汇表》（第2版）
《初级阿拉伯语语法》 宋怡 编著
《新编阿拉伯语实用会话》 吴宝国 编著
《阿拉伯文化选读》 王德新 编著